왕망

**명분과
속임수 사이**

왕망의 통치와 한국의 정치 마주보기

왕망
명분과 속임수 사이

1판 1쇄   2015년 5월 6일

지은이   이윤섭
펴낸곳   도서출판 아이필드
　　　　주소   121-783 서울시 마포구 성암로 11길 60, 102-603호
　　　　전화   02-323-9491
　　　　팩스   02-6499-1225
　　　　이메일   ifieldpub@hanmail.net
　　　　신고년월일   2001년 11월 6일
　　　　신고번호   제313-2001-295호

ISBN 978-89-94620-09-1 (03900)

*이 도서의 국립중앙도서관 출판시도서목록(CIP)은 서지정보유통지원시스템
홈페이지(http://seoji.nl.go.kr)와 국가자료공동목록시스템(http://www.nl.go.kr//kolisnet)에서
이용하실 수 있습니다. (CIP제어번호: CIP 2015011393)

*정가 12,000원

王莽

왕망

명분과
속임수 사이

왕망의 통치와 한국의 정치 마주보기

이윤섭 지음

아이필드

차례

2장 왕망의 선양과 몰락

여는 말

수천 년간 정치체제가 군주정이었던 한민족은 1948년 대한민국을 건
국하면서 군주정이 아닌 민주 공화정을 정치체제로 선택했다. 대한민
국 건국은 일제로부터의 독립이라는 의의 못지않게 공화정 수립이라는
의의가 크다. 국민을 주권자로 설정하는 민주 공화정은 국민을 대리해
서 국정을 운영할 권력자(권력을 위임받은 자)를 선거로 뽑는다.

　선거를 통해 유능하고 청렴한 인물이나 집단이 집권하기 어려운 것
이 민주 공화정의 문제점이다. 대한민국이 60년이 넘게 정당정치를 하
고 수십 번이나 대선, 총선 등 각종 선거를 치러온 가운데 이러한 점이
선명하게 드러나고 있다. 이 때문에 대통령 선거 때마다 기성 유력 정
당을 비판하며 '백마를 타고 온 초인'을 자칭하는 자들이 빠지지 않고
나타나 때로는 엄청난 지지를 받기도 했다.

　이는 유권자들이 기득권 유지에 급급한 기성 정당에 절망한 때문이
기도 하지만 유교적 정치관이 뿌리박힌 한국 풍토가 더 근본적인 원인

이라고 할 수 있다. 유교적 정치관 가운데 한국인에게 가장 큰 영향을 주는 것은 성군聖君 이데올로기이다. 대통령 중심제는 임기가 있는 민선 군주가 국정을 운영하는 제도이므로 성군 이데올로기의 강력한 영향을 받을 수밖에 없다. ― 대통령 중심제는 변형된 군주정으로 볼 수도 있으므로 민주 공화정에 적합한 체제인지에 대한 회의가 있다.

성군은 군주의 무절제한 독재를 억제하기 위해 유가儒家가 고안한 개념이다. 유교 문화권에서 '성군'이 되려고 노력하는 군주도 많았고 성군에 가까운 군주가 출현하기도 했지만, 길게 보아 인민에게 그다지 과실은 없었고 군주정 자체에 대한 회의를 억제하는 역할을 했다. 폭정暴政과 난정亂政이 반복돼도 그 책임을 '폭군' 혹은 '암군暗君' 한 사람에게 전가해, 도덕적이고 총명한 군주(지도자)가 즉위하면 만사가 해결될 것이라는 미신을 독서인讀書人(지식인)과 인민에게 불어넣었다.

전한前漢 말 기층 농민이 몰락하고 대토지 소유자의 횡포가 심해 새로운 세상을 향한 열망이 거세지는 가운데, '성인'을 가장한 자가 나타나 당대 독서인과 관료의 전폭적 지지를 얻어 '선양禪讓'으로 새로이 왕조를 세웠으니 그가 곧 왕망王莽이다. 전근대사회의 왕조 교체란 모두무력을 장악한 장군 출신이 폭력으로 했는데, 왕망은 오직 명망과 권모술수만으로 제위에 오른 전무후무한 인물이다.

권력의 정통성은 얼핏 합법성·도덕성에 기반하는 것 같지만 본질적으로는 권력 집단의 능력에 달려 있다. 권력은 그 사회 구성원의 안녕과 복지를 달성한다는 목적을 위해 존재하는 것이다. 이에 실패하면 아무리 합법적으로 세워지고 도덕적으로 뛰어나 보이는 정권도 조롱의 대상이 된다. 왕망은 좋은 평판을 쌓는 재능은 탁월했지만 국정 운영 능력은 없어 난국을 수습하지 못하고 전국전인 반란이 일어나 몰락했다. ― 본래 좋은 평판이란 능력보다는 '연기력'을 바탕으로 한 당사자의 '노력'과 '헛소문'으로 생기는 경우가 더 많은 법이다.

왕망의 실패는 성군 이데올로기로 무장한 지도력의 한계와 문제점을 노정한 좋은 예이다. 성군 이데올로기를 배양한 유교의 탄생과 성징, 그리고 왕망 정권의 탄생과 몰락을 살펴보는 것은 현대 한국 정치를 이해하는 데 도움이 될 것이다.

1장

유교의 득세

제자백가와 유교

BC.771년 이민족 견융犬戎의 침입으로 주周나라의 천자 유왕幽王이 피살되었다. 이듬해인 BC.770년 유왕의 아들 평왕平王은 일부 제후의 도움을 얻어 동쪽으로 천도하여 낙읍洛邑(낙양)에서 주 왕조의 명맥을 이었다. 이때부터 춘추전국시대가 시작된다.

춘추전국시대는 중국 역사상 가장 큰 변혁의 시대였다.

각지에 봉건封建되었던 주의 제후국들은 성읍국가에서 영토국가로 전환되었으며 제후국들의 상호 정복전쟁으로 국國의 수가 줄고 대국이 출현했다. 춘추 초기에 제후국은 170여 개였으나 전국시대에 들어서는 10여 개로 줄어들었다. 생산력의 발전에 따라 씨족공동체가 해체되고 5인을 한 가구로 하는 소농민 경영이 보편화되어갔다.

시대의 대전환기마다 새로운 사상운동이 일어나는 것은 동서고금을 관통하는 필연이다. 춘추전국시대에 일단의 학인學人들이 전개한 새로운 사상운동은 체계적인 지적 운동으로 중국 최초로 본격적인 학문을 성립시켰다.

이들 사상을 흔히 '제자백가諸子百家'라 부르듯이 수많은 유파가 나와 제각기 난세를 극복할 목적으로 나름대로의 정책과 비전을 제시했다. 제자백가를 흔히 유가儒家, 법가法家, 도가道家, 묵가墨家 등으로 구분해 부르지만 각 학파가 폐쇄적인 조직을 갖춘 것은 아니었다. 묵가만이 폐쇄적으로 엄격히 조직화되었을 뿐이었다. 제자백가 가운데 역대 중국 왕조에서 정통 학문으로 인정되고 가장 큰 영향을 준 것은 두말할 것 없이 유가이다.

춘추시대 후기의 학자인 공자孔子는 노魯나라에서 태어났다. 노나라는 주나라 무왕武王 희발姬發의 첫째 아우로 무왕 사후 섭정이 되어 주나라의 기반을 닦은 주공周公 희단姬旦이 분봉을 받아 세운 나라이다. 노나라는 춘추전국시대에 중국 문화의 중심지였다. 공자는 젊은 시절 노나라의 하급 관리로 지내면서 전통적인 지식을 접할 기회를 얻었고 그 안에서 난세를 극복할 원리를 찾으려 했다. 합리적인 이성을 믿은 그는 지적·도덕적으로 완성된 이상적 인간인 '군자君子'가 지도하는 사회를 이상으로 설정했으며 신분에 차별을 두지 않고 모든 사람을 교육시켜야 한다고 주장했다. 귀족의 자제만이 교육을 받을 수 있었던 당시에 이러한 주장은 파격적인 것이었다. 공자는 정치적으로는 자신의 이상을 구현할 기회를 얻지 못했으나 신분을 초월한 제자 양성에는 성공해 학단學團을 이루었다.

공자 사후 공자 학단의 인물들은 어떻게 되었는가? 사마천의 『사기史記』 「유림열전儒林列傳」은 이렇게 기록했다.

공자의 사후 70여 명의 제자들은 각기 흩어져 제후국을 유세했으며, 크게는 제후의 사부師父나 대신大臣이 되었고, 작게는 사대부士大夫의 벗이나 교사가 되었고, 혹자는 은둔하여 세상에 나오지 않기도 하였다. (……)

그 후 세상이 점점 어지러워지면서 시황제에 이르기까지 천하는 서로 경쟁하는 전국시대의 국면으로 빠졌고 유술儒術은 환영받지 못했다. 그러나 제齊와 노魯 지방에서는 유술을 배우는 사람이 끊이지 않았다. 제 위왕威王과 선왕宣王 시대에 맹자孟子와 순경荀卿(순자) 등은 모두 공자의 유업을 받들며 윤색을 가해 당대에 이름을 날렸다.

공자가 이끌었던 학단은 스승인 공자의 학을 계승, 발전시켰는데 차츰 그의 본질적 가르침과 괴리를 보이고 현실정치에 영합하는 방향으로 나아갔다. 공자 사후 수백 년 동안 유가 집단의 수준은 지성이나 인격 측면에서 전체적으로 크게 떨어졌다.

공자 시대 이전에는 높은 지위에 오르고 부귀영화를 누리려면 귀족 가문에서 태어나야 했지만 이후에는 미천한 집안 출신도 뛰어난 학식과 언변이 있으면 가장 높은 사회적 지위를 얻어 화려한 저택에서 호의호식하고 미모의 첩을 두고 살 수 있다는 희망을 품을 수 있게 되었다. 이러니 학문의 목적이 변질될 수밖에 없었다.

유가를 비롯해 제자백가는 모두 그들의 학學으로 사회문제를 해결하겠다며 직접 현실정치에 참여하려 했다. 가르침을 찾아 모여든 학생들의 목적은 대부분 관료가 되기 위한 자질을 닦고 관직을 얻는 것이었다. 공자가 제자 가운데 진실로 학문을 좋아하는 이는 안회顏回뿐이라고 한탄한 것은 당시 제자諸子 학단의 존재 의미를 잘 보여준다. 이처럼 벼슬을 얻으려는 자들을 대상으로 한 학은 그 내용이 정치와 군주를 섬기는 것에 관한 것이 될 수밖에 없었다. 제자백가의 학은 시대가 흐름에 따라 거의 전적으로 '제왕학帝王學'으로 변질되었는데 이는 공자의 사상도 마찬가지였다. 흔히 묵가와 노장 사상은 권력과 대치되는 것으로 알려져 있지만 이도 잘 살펴보면 군주의 절대 권력을 옹호하고 있음을 알 수 있다. 겸애兼愛와 비공非攻(전쟁 반대)을 강조하는 묵가 집단이 실제로는 진나라 법가 정책의 집행자일 가능성이 높다. — 한자문화권의 모든 학문은 결코 제왕학의 굴레를 벗어날 수 없었는데, 이것이 동양이 서양에 뒤처진 결정적인 이유였다.

유가를 자칭하게 된 자들 가운데는 학문 자체보다는 부귀영화를 얻는 데 관심을 가진 경우가 훨씬 많았다. 유가의 이름난 학자들도 이른바 속유俗儒의 행태를 맹비난했다.

맹자는 사람들이 인격을 수양하는 목적이 높은 지위를 얻으려는 것에 불과해 목적을 달성하면 주의주장도 내던진다고 말했다. 순자荀子는 유가가 의관衣冠을 중시하지만 학문도 천박하고 행동거지가 속된 인간과 다를 바 없고, 어리석은 자를 속이고 생활방편을 얻기 위해 선왕先王을 논하지만 군주의 총신과 가신들의 식객 노릇을 한다고 비난했다. 타 학파는 유가를 더욱 신랄히 비난했는데 『묵자墨子』「비유非儒」에는 이런 구절이 있다.

또한 그들은 예악禮樂을 번거롭게 꾸며 사람들을 어지럽히고 오랫동안 상喪을 치르고 슬퍼하는 체하여 부모를 속인다. 운명을 믿어 가난에 빠져 있으면서 고상한 체 잘난 체한다. 근본을 어기고 할 일은 하지 않고 게으르고 편안히만 지낸다.

먹고 마시는 것을 탐하지만 일하는 데는 너무나 게으른 그들은 추위와 굶주림으로 죽을 위험에 처해 있지만 이를 벗어나지 못한다. (……)

여름에는 곡식을 구걸하고, 추수가 끝나면 큰 초상집만 쫓아다니는데 자식과 손자들을 데리고 가서 그 음식으로 배를 채운다. 몇 집 초상만 치러주면 충분히 살아갈 수 있게 된다. 그들은 남의 집을 근거로 살찌고 남의 전야에 의지하여 부를 쌓는다. **부잣집에 상사喪事가 났다고 들으면 기뻐서 어쩔 줄 모르고 "음식과 옷을 얻을 기회가 왔다"고 외친다.***

이는 지나친 말이지만 어느 정도의 진실이 들어 있다. 유가가 제례祭禮에 정통하므로 재능이 모자라 교사가 되지 못하거나 벼슬을 얻지 못해 궁핍한 경우, 부유한 집의 장례를 주관하여 생계를 꾸렸다고 보는 것이 잘못은 아니다.

군주가 임면任免하는 관료는 일반민에 대해서는 엄연한 치자治者이다. 그러므로 유가를 포함한 제자백가는 지배층과 피지배층으로 나누어지는 계급적 사회구조를 합리화하고 그 구조의 정점이자 상징인 군주의 존재 의미를 강조하지 않을 수 없었다. 제자백가를 집대성한 저서

---

*   강조는 글쓴이. 이하 같음

『여씨춘추呂氏春秋』의 한 구절은 군주의 존재 이유를 정당화하는 논리를 잘 집약한 것이다.

사람의 본성은 손, 발톱, 치아로 자신을 지키기에 부족하고 피부는 추위와 더위를 막기에 부족하고, 뼈와 근육도 이로움을 쫓고 해로운 것을 피하기에 부족하다. 용감하여도 사나운 짐승을 물리칠 수 없다. 그러나 만물을 다스리고 금수를 제압하며 사나운 동물을 복종시키고 더위와 추위, 건조함과 축축함이 인간을 해치지 못하는 것은 비록 갖추지는 못했으나 무리 지어 살기 때문이 아닌가?

(인간은) 무리 지어 삶으로써 서로 이득을 얻을 수 있는데, 이는 무리 지어 살기 때문에 나오는 것이므로 (그것을 유지하는) 군주의 도리가 성립된 것이다. 그러므로 군주의 도리가 세워지면 무리로부터 이익이 나오니 (자연의 위험에 대한) 사람의 방비책이 완성된 것이다.

태고에 군주가 없었을 때, 백성들은 옹기종기 모여 살았고 어미만 알고 아비는 몰랐으며 부모형제, 부부와 남녀의 구별이 없었고 위와 아래, 어른과 어린이의 구별도 없었으며 나아가고 물러갈 때 읍揖하여 겸손을 표하는 예의도 없었다. 의복, 신발, 허리띠, 궁실, 축적의 편리함도 없었고 그릇, 연장, 배, 수레, 성곽, 요새 등의 설비가 없었으니 이는 군주가 없어서 생긴 폐단이었다. 그러므로 군신의 의義는 확립되지 않을 수 없는 것이다. **상고시대 이래 나라가 망하는 일은 많았으나 군주의 도리가 내쳐지지 않은 것은 그것이 천하에 이롭기 때문이다.**

(『여씨춘추』, 「시군람侍君覽」, 시군侍君)

군주가 모든 질서와 복지의 근원이라는 말이다. 계급이 발생하고 사회문제 해결에 강력한 리더십이 필요해짐에 따라 세습 군주제가 출현했는데, 군주 일인의 통치는 불가능해 전문 관료가 필요해졌다. 중국에서 춘추시대까지는 귀족이 관직을 세습했다. 제자백가는 모두 혈통이 아닌 현능賢能이 관리가 될 수 있는 유일한 조건임을 주장했다. 그리고 군주의 통치에 참여하는 대가로 특권을 요구했다.

그런데 군주권을 정당화해도 무한 권력을 용인할 수는 없었다. 군주의 전제專制 권력이 관료의 이익을 침해할 수 있기 때문이었다. 유가는 군주의 권력을 제약하는 논리를 개발했다. 대표적인 것이 '천하위공天下爲公' 논리였다. 천하는 만인의 천하이며 군주의 권력은 천하의 공의公義를 실현하고 만인의 이익을 보장하기 위해 주어졌으니, 군주는 그 권력을 이러한 목적에 부합되는 범위 내에서 행사해야 한다는 것이다.

전쟁이 일상화된 춘추전국시대의 과제는 민중을 고통에 몰아넣는 끊임없는 전쟁을 종식시키는 것이었다. 전쟁의 근본 원인은 정복전으로 영토를 확장하려는 욕구를 버리지 못하는 여러 나라가 복수 공존한 때문이었다. 그러므로 통일국가의 탄생만이 유일한 해결책이었다. 은나라와 주나라 시절 거대한 정치적 통합이 이루어져 장기간 유지된 역사적 경험으로 모두가 통일국가의 출현을 당연시했다.

전국시대 중기의 유가인 맹자는 인의仁義로 통합을 구현할 수 있다며 왕도王道 정치를 주장했다. 인정仁政(인仁에 의한 정치)은 천하 민심을 귀의시킬 수 있고 천하는 인정을 실천하는 군주를 중심으로 전쟁을 하지 않고도 통일될 수 있다는 것이다. 그러나 인정을 구현하는 군주는 오로지 한 사람이고 나머지 군주는 모두 폭군이어야 전쟁 없이 인정에 의한 통일이 가능할 것이었다. 인정에 의한 통일 이론은 통일을 보증할 수 없는 모순을 내포했다.

이에 비해 통일은 무력에 의해 달성될 수밖에 없다는 주장이 더 현실에 들어맞았다. 그런데 무력의 최강자에 의한 통일로 전쟁이 종식된다 해도 제대로 된 평화를 구현하는 선정善政이 이루어질 수 있다고 장담할 수 없다. 때문에 무력 통일의 주체가 될 군주는 무력뿐 아니라 문덕文德을 겸비해야 하며 통일 전쟁은 백성을 괴롭히는 폭군을 몰아내는 해방전쟁이어야 했다. 시황제 역시 중국 통일 전쟁을 치르는 과정에서 폭군을 제거한다는 명분을 내걸었다.

결국 춘추전국시대 국가들의 가장 중요한 과제는 부국강병을 구현해 전쟁에 승리하는 것이었다. 부국강병을 위한 구체적인 정책을 마련하고 실천한 것이 법가였다.

법가의 계보는 중국에서 최초로 정鼎(솥)에 성문법을 새겨 넣은 춘추시대 정鄭나라의 재상 자산子産까지 거슬러 올라간다. 그 후 전국시대 초기 위魏나라의 재상을 지낸 이회李悝, 전국시대 중기 진秦나라의 상앙商鞅, 전국시대 중기 조趙나라의 신도愼到, 전국시대 중기 한韓나라의 신불해申不害로 이어져 오다가 전국시대 말기 한비자韓非子가 법가 사상을 집대성하게 된다. 이들은 대체로 유가를 비롯한 각 제자백가에서 학문을 익히고 고위직에 임용되어 현실정치에 맞추어 정책을 폈다. 법가는 사상이나 이론을 수단으로 생각했기 때문에 스승의 계보를 중시하지 않았으며 동류의식도 희박해 독립적인 학단을 이루지 못했다.

법가들은 부국강병과 국가 개혁을 위해 군주권의 강화에 큰 힘을 쏟았는데 이로 인해 유가와는 매우 다른 제왕학이 되었다. 이들 이회·신불해·오기吳起·상앙·한비자 등 저명한 법가가 후세에 미친 영향은 자못 컸다.

제자백가는 거의 모두 인간은 욕심이 지나치다는 '인간 과욕론過慾論'을 주장했다. 인간의 선천적인 도덕성과 이익을 초월한 군자 개념을 강조한 유가도 '소인小人(피치자)'을 욕심이 지나쳐 절제하지 못하는 존재로 보았다.

대역사가 사마천도 고금의 역사를 연구하면서 인간이 본질적으로 부를 추구하는 존재이며 모든 행위가 부를 얻기 위한 것이라는 결론을 내렸다.

> 옛말에 "창고가 가득 차야 예절을 알고, 입고 먹을 것이 넉넉해야 명예와 치욕을 안다"고 했다. 예절은 가진 것이 있으면 생기고, 가진 것이 없으면 사라진다. 그러나 **군자君子는 부유해지면 즐겨 덕을 행하지만, 소인小人은 부유해지면 그 힘을 휘두르려고만 한다.**
>
> 연못이 깊어야 고기가 살고 산이 깊어야 짐승이 살듯이, 사람도 부유해야 인의仁義가 생긴다. 부유한 사람이 권세를 얻으면 더욱 유명해지지만, 권세를 잃으면 식객도 모두 떠나고 그와 즐겨 어울리려 하지 않는다. 이적夷狄은 이러한 일이 더욱 심하다. (……)
>
> 성현聖賢이 묘당廟堂에서 심오한 계책을 도모하고 조정에서 (정사를) 논의하는 것이나, 신의를 지키고 절의를 위해 죽는 것도 은사隱士들이

높은 명성을 날리려는 것도 (그들의 진정한) 목적은 무엇인가? 부富를 얻기 위한 것이다.

염리廉吏(청렴한 하급 관리)는 (청렴함으로) 지위를 오래 유지할 수 있는데, 오래 자리에 있으면 부를 얻을 수 있기 때문이다. 정직한 상인이 (정직한 것은 결국) 부를 얻기 위한 것이다.

부란 인간이 본질적으로 원하는 것이며 배우지 않고도 모두 추구하는 대상이다.

군대의 장사壯士가 공성攻城할 때 먼저 오르고 적진을 함락하고 적을 물러나게 하며 적장의 목을 베고 적군의 깃발을 빼앗아 들어 올리며 화살과 돌을 뚫고 나아가며 탕화湯火(끓는 물과 타는 불)처럼 어려운 것도 피하지 않는 것은 큰 상賞을 기대하기 때문이며, 가난한 동네의 젊은이들이 행인을 습격하거나 살해해 매장하는 것도, 도굴과 화폐 위조를 하는 것도, 검소한 임협任俠의 무리들이 친교親交를 맺어 복수를 행하는 것도, 사람을 붙잡아놓고 몸값을 강요하는 것도, 법으로 금지한 것을 피하지 않고 마치 달리는 말처럼 사지死地로 달려가는 것도 사실은 모두 재용財用을 얻기 위한 것에 불과하다.

조나라, 정나라 미희들이 얼굴을 아름답게 꾸미고 거문고를 타고 긴 소매를 나부끼고 날렵한 신발을 끌며 유혹하는 눈짓과 교태를 부리며 천리 길도 마다하지 않고 (남자가) 늙고 젊음을 가리지 않고 찾아나서는 것도 결국 부를 쫓기 때문이다. (……)

산속에 묻혀 사는 기이한 선비도 아니면서 빈천함에서 벗어나지 못하는 자가 말로만 인의를 떠들기 좋아하는 것도 부끄러운 일이다. **대개 백성들은 상대의 재산이 자신의 10배면 무시하고 헐뜯지만 100배면 오히려 두려워한다. 1,000배가 되면 그를 위해 힘든 일을 하고 10,000배가 되면 그의 하인이 되니 이것이 세상의 이치이다.**

법가는 '인간 과욕론'을 적극 펼쳐 인간의 모든 행동은 물론 교우 관계, 남녀 간의 연애, 군신 관계, 부자 관계 등 모든 상호 관계마저 사리사욕을 추구하는 본성에 따른 것이라 주장했다.

뜻밖으로 여겨지겠지만 유가인 순자의 학설이 법가의 이론적 기초가 되었다. 순자는 인간의 욕구에 대해 다음과 같이 말한다.

사람의 정情(본능)이란 먹을 때는 맛있는 음식을 원하며, 입을 때는 화려한 비단옷을 바라고, 길을 갈 때는 수레나 말을 타고 가기를 원한다. 또 남아돌아가는 부를 축적하고도 죽을 때까지 만족을 모른다. 이것이 바로 인간의 정이다.

그런데 욕구가 무한한 인간은 무리 생활, 즉 사회생활을 하면 다툼과 갈등이 나게 마련이다. 특히 빈부 격차로 인한 계층 간의 갈등은 어느 사회에서나 체제를 흔들 수 있는 잠재 요인이다.

인간의 과욕이 사회를 어지럽힌다는 데 제자백가는 모두 동의했다. 이에 대한 대책으로 공자는 안빈낙도安貧樂道를 강조했고, 노자는 "족한 줄을 알면 욕됨이 없고 그칠 줄을 알면 위태로움이 없다[知足不辱 知

止不殆]"고 주장했다. 그러나 춘추전국시대의 사상가들은 이러한 도덕
적 자제로 과욕을 억제할 수 있다고는 전혀 믿지 않았다. 한비자는 노
자의 말을 이렇게 반박했다.

노담老聃(노자)이 말하기를 족足한 줄을 알면 욕됨이 없고 그칠 줄을
알면 위태롭지 않다고 한다. 그러나 위태로움과 욕됨을 두려워하여 족한
것 이외의 것을 구하지 않는 사람은 노담 같은 사람뿐일 것이다. 지금 백
성들에게 족한 것을 충족시킴으로써 그들을 다스릴 수 있다고 하는 것은
마치 모든 백성을 노담 같은 사람으로 생각하는 것과 다름이 없다.

탐욕이 충만한 인간 사회에서 좀더 현실적인 대책은 빈부 격차를 정
당화하는 이데올로기를 내세우면서 동시에 계층 갈등을 완화시킬 강제
적 규범을 만드는 것이었다. 순자는 인간 사회에 계층과 신분 차이가
있을 수밖에 없다고 했다. 인간의 욕망을 통제할 수 없다면 인간 사회
는 무한 투쟁 양상이 되어 유지될 수가 없다. 이를 막기 위한 순자의 방
안, 즉 순자의 정치사상을 요약하면 다음과 같다.

인간은 집단생활을 누릴 수 있는 성性(품성)을 소박한 형태로 지니고
있는데, 성 그것만으로는 지속적으로 무리[群]를 지을 수 없다. 성에다
가 인위적인 형식 즉, 위僞를 더해 예禮(도덕규범·제도·관습)를 만들어내
야 집단생활이 유지된다. 예를 만들어낼 수 있는 이가 도덕과 재능이 뛰
어난 인간, 즉 성인聖人(군주)이다.

인간의 타고난 욕망은 끝이 없다. 따라서 인간 사이에는 다툼이 있을 수밖에 없다. 다툼은 인간 사회에 분란을 일으킨다. 이에 옛 성인은 예禮와 의儀를 제정하여 인간 사이에 분分(계층과 신분의 차등)을 두고 신분을 만들었다. 인간은 각기 신분에 따라 욕망을 정도껏 채우고 그 이상은 제한된다. 이와 같이 욕망을 통제하여 인간은 집단 속에서 조화를 이룬다.

순자는 인간의 욕망을 통제하기 위해 '예'가 생겼다고 주장한다. 인간 집단 가운데 가장 고차원적인 것이 국가이므로 예는 국가에서 가장 잘 구현된다. 국가의 통치 원리가 예이다. 순자는 사회질서를 유지시키기 위해 만들어진 예가 본질적으로 한정된 재화를 둘러싸고 일어나는 다툼을 방지하기 위한 수단에 불과하다는 것을 인정했다.

맹자는 인간의 성性이 선하므로 있는 그대로 내버려두면 사회도 국가도 모두 좋아진다고 주장한다. 이에 비해 순자는 인간의 성은 악하다고 했다. 맹자가 말하는 성과 순자가 말하는 성은 그 개념에 차이가 있다.

순자가 말하는 성은 정치적·사회적 존재인 인간의 본성이었다. 인간이 본질적 이성적으로 악한 존재가 아니라 출생 후 사회적 존재가 됨으로써 악하다는 뜻이다. 순자는 본성이 악한데도 인간이 악을 행하지 않을 수 있는 이유는 예로써 그 본성을 교정할 수 있기 때문이라고 했다. 맹자보다 후대 인물인 순자는 성선설에 입각한 왕도 정치의 구현이 불가능하다는 현실을 인정하고 과감하게 성악설을 주장하면서 예를 바탕으로 엄격한 국가 지배를 주장했다. 순자보다 앞선 인물인 신불해·이회·오기·상앙 등이 이름난 법가이지만 이들은 이론적·사상적 기초가 미흡했다. 법가에는 군주권의 정통성이나 국가의 공공성에 관한 이론이 거의 없었다. — 상앙은 정치가 마치 백성을 상대로 하는 전쟁인 것처럼 주장했다.

순자의 학설은 법가의 이론적 토대가 되었다. 이 때문에 후대의 '정통' 유자들은 순자를 이단시했다.

순자가 말한 예는 현대적 관점으로 보면 법률이라고 할 수 있다. 그러나 유가였던 순자는 공자가 중시한 예로 표현했다. 순자의 제자인 한비자는 예를 법으로 표현했다.

이전의 법가 이론은 현실정치에서 활용되는 정술政術에서 크게 벗어나지 못했는데, 한비자는 법가의 여러 학설을 집대성해 하나의 사상 체계로 완성했다.

한비자는 법가의 주요 개념인 '법法'과 '술術'에 대해 이렇게 규정했다.

법이란 먼저 관부官府에서 공포하여, 지키면 상을 받고 명령을 어기면 처벌받아 상과 벌이 분명하게 시행된다는 사실을 백성들이 마음으로 믿게 하는 것이다.

술이란 재능에 따라 관직을 주되 그 관직에 따른 직책을 맡긴 다음 생사여탈의 권한을 가지고 신하들의 능력을 평가하는 것이다. 즉 '법'은 군주가 인민을 통제하는 수단이고 '술'은 군주가 관료를 부리는 수단이다. 군주는 술을 부려 관료가 일하게 한다. 관료의 일은 군주가 제정한

'법'을 집행하는 것이다.

한비자는 군주의 통치에서 '법'과 '술'이 갖는 중요성을 이렇게 강조했다.

> 군주에게 '술'이 없으면 바보처럼 멍청하게 윗자리를 차지하는 꼴이 되고, 신하에게 '법'이 없으면 밑에서 (민중이) 난리를 피우게 된다.

한비자는 현명한 군주는 "관리들만 잘 감독할 뿐이지 백성들을 직접 다스리지 않는다. 나무줄기를 흔들면 나무의 전체 잎사귀가 흔들리게 되고, 그물의 벼리를 당기면 힘들이지 않고 그물을 펼 수 있는 이치가 바로 이런 도리다"라고 했다. 또 "이익이 있는 곳에 백성들이 몰리고, 명성을 얻을 수 있는 일에 선비들이 목숨을 건다"라고 해 지식인과 민을 부리는 수단이 달라야 함을 강조했다.

법가는 인간의 도덕적 능력을 불신하고 법령으로 재화의 분배의 차등을 규정해서 인간 사회의 분란을 방지해야 한다고 주장했다. 법가인 신도愼到(BC.395~315)는 빈부 격차로 인한 갈등을 법으로 막아야 한다고 주장했다.

> **천하의 사람들이 모두 쫓아가며 멈출 줄 모르는 대상은 부귀富貴뿐이다.** 소위 부귀라는 것은 물질에 족한 것을 의미할 뿐이며 (……) 재물財物을 갖지 못한 것이 빈천貧賤이다. (……)

법이 세상에 행해지면 빈천한 자가 감히 부귀한 자를 원망하지 않으며, 부귀한 자가 감히 빈천한 자를 능멸하지 못하고, 어리석고 약한 자가 감히 지혜롭고 용기 있는 사람의 (신분과 부귀를) 넘보지 않으며, 지혜롭고 용기 있는 사람이 어리석고 약한 자를 천시하지 않는다.

한비자는 아예 국가가 부자에 대해 중과세를 해 그 부를 국고로 이전하고 모두가 경제적으로 가난하고 평등하게 만들어 갈등을 해소해야 한다는 공산주의적인 주장을 했다. 국가(군주)가 권력과 부를 독점해야 한다고 생각한 한비자의 이러한 주장은 '민이 약하면 국가가 강해지고 [民弱國強] 민이 강해지면 국가가 약해진다[民強國弱]'라는 인식에 기초한 것으로 결코 빈자를 위한 것이 아니었다. 한비자는 큰 부를 가진 자가 우월한 경제력을 바탕으로 빈자를 사적으로 지배해 국가권력(군주권)에 대항할 것을 우려했다.

그러나 법가 사상의 한계도 명확한 것이었다. 법가는 실현 불가능한 — 불가능해 보이는 — 이상에 매달리지 않고 현실을 있는 그대로 보고 이해하며 인간 심리의 어두운 면을 잘 아는 지식인 집단이었다. 이들은 거의 다 군주의 무한 권력을 토대로 사회질서를 유지하고 군주의 권력에 기생해 부귀영화를 누리는 것이 목적인 자들이었다. — 공익 개념 없이 부귀영화만 좇는 자들이 좀더 세상을 냉철하게 볼 확률이 높은 법이다. 이들은 임기응변에 능한 책사일지언정 경세가經世家는 아니었다. 진정한 공익 개념이 없으니 경세가가 될 수 없었으므로 이론적 토대를 유가에서 빌릴 수밖에 없었다.

국가가 세세하고 엄격한 법으로 가축 다루듯이 민을 통제해야 한다는 법가 사상에 입각한 정치는 단기간은 몰라도 장기간 유효할 수는 없었다. 관료 집단의 부패와 사리사욕 추구로 인해 법치의 문란은 반드시 나타날 수밖에 없고, 자유방임을 바라는 인간의 본성에 비추어볼 때 엄청난 수의 범법자가 생길 수밖에 없다.

성악설에 입각하여 인간은 이익을 위해 규칙을 어기려고만 하는, 믿을 수 없는 존재로 보는 법가는 현실을 잘 설명하는 것 같지만 인간 사회는 그 정도로 단순하지 않다. 성선설도 때로는 유효한 것이다. 유가의 예도 인간 사회를 규제하는 규칙인 점은 법과 같다. 예는 강제적인 성격도 있지만 인간의 자발성에 기초한다. 예는 사회 구성원 대부분이 지키면 이익이 되므로 자발적으로 지켜질 것을 기대할 수도 있고 또한 인간이 관습적으로 예를 익혀 행할 수도 있다. 예가 널리 통용되면 국가의 억압적 성격도 완화시킬 수 있어 장기적으로 보면 유가의 정치 원리가 지배층의 이익에 더 부합한다.

군주에게 채용된 법가의 대표적 인물인 신불해·이회·오기·상앙 등은 부국강병을 위해 사회구조와 인간관계를 근본적으로 바꾸는 각종 정책을 — 어찌 보면 인간 본성에 어긋나는 — 폈다. 이들 정책에 저항하는 자는 가혹한 형벌로 다스렸다. 5인 가족으로 이뤄지는 소농小農 가구를 인위적으로 창출하고 경작할 수 있는 토지와 농기구를 주어 생활을 보장하게 했다. 그리고 이들의 생산과 소비를 세밀히 통제했다. 소농으로 편제된 일반 농민의 생활수준은 잉여 생산을 거의 모두 수탈당해 노예보다 약간 나은 수준으로 궁핍했다. 이는 국가가 의도한 바였는데, 이런 가혹한 착취의 목적은 지배층의 호사를 위한 것이 아니라 일반 백성으로 하여금 죽음을 두려워하지 않는 용감한 전사戰士로 만들려는 것이었다.

전국시대 때 민의 2대 의무는 경작(생산)과 전쟁에 종사하는 것이었다. 전국시대 일반 백성에게서 노예와 비슷한 고달픈 삶에서 벗어나는 유일한 길은 전쟁에서 무공을 세워 포상으로 작위와 토지를 받는 것이었다. 때문에 모두가 전쟁이 나기를 간절히 바라고, 전쟁이 나면 부귀 영화를 누릴 기회가 생겼다고 경축하는 것이 전국시대의 모습이었다. — 이 때문에 대외 팽창을 목표로 삼고서 국가가 법가 체제로 전환하면 신분이 아닌 능력 위주의 사회가 되는 것 같은 인식을 준다. 이는 착시 현상일 뿐이다.

귀족도 군공을 세워야 특권 세습이 가능하도록 하는 것이 법가의 정책이었으므로 각국의 귀족 계급은 법가의 개혁에 강력히 저항했다. 변법變法(법가에 입각한 개혁)을 추진하던 군주들은 일정한 수준에서 타협했다. 그러나 귀족의 세력을 꺾고 타협 없이 변법을 철저히 시행한 진秦은 BC.3세기에 들어서자 최강자가 되어 무력 통일을 구현할 실력을 갖추었다.

법가를 채용해 중국을 통일한 진나라

진秦나라는 현재 중국의 서북 지방인 감숙성에서 일어났는데, 춘추시대의 목공穆公(재위 BC.659~621) 때 서융西戎(서방의 이민족)을 쳐서 영토와 인구를 대폭 늘려 강국이 되었다. 그러므로 맹자는 진의 목공을 춘추5패의 한 사람으로 평가했다. 진은 동방으로 뻗어나가려 했으나 중원의 강국 진晉나라에 막혔다. 이후 진秦은 초楚나라와 동맹 관계를 유지하며 진晉나라에 맞섰다. 진晉이 BC.453년 한韓·위魏·조趙로 분할되었어도 내부 사정이 복잡한 진나라는 이러한 정세를 잘 활용하지 못했다.

전국시대의 진 효공孝公(재위 BC.361~338)은 부국강병을 위해 천하의 인재를 구했는데, 외국인인 상앙商鞅(BC.?~338)을 등용해 법가에 입각한 개혁을 실시해 국력이 급격히 커졌다.

상앙은 위衛나라 사람으로 법가의 태두라 할 수 있는 이회에게 배웠다. 먼저 위魏나라에서 벼슬을 얻으려 했으나 위의 혜왕惠王은 그를 기용하지 않았다. 진나라로 가서 효공의 총신인 경감景監의 주선으로 효공과 4차례 접견한 후 중용되었다. 상앙은 경감에게 그 과정을 이렇게 설명했다.

나는 공公에게 삼황오제의 도를 행하면 하·은·주 삼대에 견줄 만한 태평성대를 누릴 것이라고 말씀드렸습니다. 그러나 공은 "너무나 멀고 길어 나는 기다릴 수 없소. 현군賢君은 자기가 자리에 있을 때 천하에 이름을 드날리오. 어떻게 꾹 참고 백 년 후에 제왕帝王의 업이 이루어지기를 기다릴 수 있겠소?"라고 하였습니다. 그래서 강국을 만드는 방도를 공에게 말씀드리니, 이를 듣고 매우 기뻐하였습니다. 그러나 공은 은·주 시대의 제왕에 비견하는 덕행을 이루지는 못할 것입니다.

법을 고친다는 뜻인 변법變法은 구체적으로는 이전의 분권적인 봉건 체제에서 각 지역마다 독자적으로 유지되어온 다양한 전통과 관습을 없애고 군주를 정점으로 하는 일원적 법치 질서를 전국에 구현하려는 정책이다.

상앙의 개혁 정책은 소농을 창설하고, 촌락 내의 인민을 상호 감시하고 고발하도록 했으며, 귀족에 대한 엄격한 통제를 포함했다. 민이 엄중한 국가 통제와 의무를 견디지 못해 망명하지 못하도록 거주지 무단이탈은 엄벌에 처해졌다. 부전符傳(여행증명서)을 발급받지 못하면 여행도 할 수 없었다. 20세기 공산주의 체제에서나 볼 수 있는 엄격한 주민 통제였다. 비록 효공이 죽으면서 구 귀족층의 반격으로 상앙은 사형을 당했으나 진나라의 변법 개혁은 계속되었다.

효공의 뒤를 이은 혜문왕惠文王(재위 BC.338~311) 영사嬴駟는 BC.316년 물산이 풍부한 촉蜀나라를 멸하고 국세를 더욱 신장시켰다. 혜문왕의 장자로 뒤를 이은 무왕武王 영탕嬴蕩(재위 BC.311~307)은 한韓나라의 요새인 의양宜陽을 함락했고 한은 6만 병력을 잃었다. 혜문왕의 둘째 아들로 이복형인 무왕의 뒤를 이은 소양왕昭襄王(재위 BC.306~251) 영직嬴稷은 50년 넘게 통치하면서 영토를 크게 넓히고 중국 통일의 기반을 확고히 닦았다. 이에는 명장 백기白起의 역할이 절대적이었다.

BC.293년(소양왕 14) 진의 장수 백기는 이궐伊闕에서 한나라와 위나라의 연합군 24만을 참수했고 BC.278년에는 초나라를 공격해 수도인 영도郢都를 함락했다. 초는 수도를 진陳 지역으로 옮겼다. 이 공으로 백기는 무안군武安君에 봉해졌다. BC.273년(소양왕 34)에는 위나라를 공격해 화양華陽을 함락하고 적장 망묘芒卯를 달아나게 했으며, 삼진三晉(한·위·조 삼국을 뜻함)의 장군들을 사로잡고 적병 13만 명의 목을 베었다. 그리고 초나라 장군 가언賈偃과 싸워 그의 군사 2만 명을 황하에 빠뜨려 죽였다. BC.264년(소양왕 43)에는 한나라 형성陘城을 쳐 다섯 성을 함락하고 5만 명의 목을 베었다. BC.260년(소양왕 47) 장평長平에서 조나라 군을 대파하고 항복한 군사 40여 만을 하룻밤 사이에 땅에 파묻어 천하를 놀라게 했다. 장평 전투 이후 조나라는 간신히 국가의 명맥만 유지할 정도로 허약해졌다. 백기는 오히려 뛰어난 무공 때문에 BC.257년 소양왕의 강요로 자결해야 했다.

다음은 『사기』백기의 열전에서 그의 죽음을 묘사한 부분이다.

(소양왕) 48년 10월 진나라는 다시 상당군을 평정하였다. 진나라는 군사를 둘로 나누어 왕흘王齕이 피뢰皮牢를 쳐서 점령하고, 사마경司馬梗이 태원太原을 평정하였다. 한나라와 조나라는 두려운 나머지 소대蘇代(소진蘇秦의 아우)에게 많은 예물을 가지고 가서 진의 재상 응후應侯의 마음을 달래게 했다.

"무안군(백기)께서 마복군의 아들(조사趙奢의 아들 조괄趙括을 말함)을 사로잡았습니까?"

"그렇소."

"즉시 한단邯鄲(조나라의 수도)을 포위할 것입니까?"

"그렇소."

"조나라가 멸망하면 진나라 왕은 천하의 왕이 되고, 무안군은 삼공三公의 지위에 오르겠지요. **무안군이 진나라를 위해 싸워 이기고 빼앗은 성만 해도 70여 개입니다. 남쪽으로는 언鄢·영郢·한중漢中을 평정하고 북쪽으로는 조괄의 군사를 잡아 죽였습니다. 주공周公 단旦, 소공召公 석奭, 태공망太公望의 공적도 이보다 더하지 못합니다.** 이제 조나라가 망하면 진나라 왕이 천하의 왕이 될 것이고 무안군은 틀림없이 삼공의 자리에 오르게 됩니다. 승상께서는 무안군의 밑에 있게 되어도 참을 수 있습니까? 비록 그 밑에 있지 않으려 해도 어쩔 수 없습니다.

진나라는 한때 한나라를 쳐서 형구邢丘를 포위하고 상당을 괴롭혔지만 상당 백성들은 모두 조나라로 귀속했습니다. 천하의 백성들이 진나라 백성이 되기를 좋아하지 않은 지가 이미 오래되었습니다. 이제 진나라가 조나라를 멸망시키면, 그 북쪽 땅은 연나라로 들어갈 것이고 동쪽 땅은 제나라로 들어갈 것이며 남쪽 땅은 한나라와 위나라로 들어갈 것입니다. 그러므로 승상이 얻게 되는 백성은 얼마 안 될 것입니다. 차라리 한나라와 조나라에게 땅을 떼어 바치게 하여 친교를 맺어 무안군의 공로로 돌리지 않는 것이 좋다고 봅니다."

그래서 응후가 진나라 왕에게 말했다.

"진나라 군은 지쳐 있습니다. 한나라와 조나라에게 땅을 떼어 바치도록 하여 화친을 맺고 잠시 사졸을 쉬게 하십시오."

진나라 왕은 이를 받아들여 한나라의 원옹垣雍과 조나라의 여섯 성을 할양받는 조건으로 화친을 맺었다. 정월에 모든 병사를 물러나게 했다. 무안군은 이 소식을 들었고 응후와 사이가 벌어졌다.

그해 9월 진나라는 다시 병사를 내어 오대부五大夫 왕릉王陵에게 조나라와 한단을 공격하도록 했다. 이때 무안군은 병이 들어 전쟁에 나갈 수 없었다.

49년 정월 왕릉이 한단을 공격했으나 전황은 그다지 유리하지 않았다. 진나라는 더욱 많은 병력을 보내 왕릉을 도왔으나 왕릉은 5개 교校(1교는 800명으로 구성)를 잃었다. 무안군의 병이 나았으므로 진나라 왕은 왕릉 대신 무안군을 장군으로 삼으려 했다. 그러자 무안군은 말했다.

"한단은 쉽게 공략할 수 없습니다. 게다가 다른 제후국의 구원병이 날마다 도우러 올 것입니다. 제후들은 진나라에 원한을 품은 지 오래되었습니다. 장평의 적군을 무찌르기는 했으나 진나라 군사도 절반이 넘게 죽어 지금 나라는 비어 있습니다. 그런데 멀리 산과 물을 건너 남의 나라 도읍을 치려 하니, 조나라 군대가 안에서 호응하고 제후들이 밖에서 친다면 진나라 병사는 반드시 무너질 것입니다. 한단을 쳐서는 안 됩니다."

무안군은 진나라 왕이 직접 명령해도 가지 않았다. 그래서 응후를 보내 이 일을 부탁하도록 했지만 무안군은 끝내 사양하고 가려 하지 않았다. 칭병하고 집에 들어앉았다.

진나라 왕은 어쩔 수 없이 왕릉 대신에 왕흘을 장군으로 삼아 8월과 9월에 한단을 포위했으나 한락시키지는 못했다. 그런데 초나라가 춘신군春申君과 위나라의 공자 신릉군信陵君에게 10만 병력을 이끌고 진나라 군을 치도록 했다. 진나라 군사는 많은 전사자와 도망자를 냈다. 그러자 무안군이 말했다.

"왕께서 신의 말을 듣지 않은 결과 지금 어떻게 되었는가."

진나라 왕은 이 말을 듣고 노하여 무안군을 억지로라도 출전시키려 하였으나 무안군은 병이 중하다며 듣지 않았다. 응후가 간청했으나 소용없었다. 이에 진나라 왕은 무안군을 병졸로 만들어 음밀陰密로 옮겨 살게 했다. 그러나 무안군은 병이 들어 옮겨가지 못했다. 석 달이 지나자 제후들의 연합군은 공격을 했고 진나라 군대는 위급해져 여러 번 물러났고 (전황을 알리는) 사자가 날마다 왔다. 진나라 왕은 사람을 시켜 백기를 함양에 더 이상 머물지 못하게 했다. 무안군이 길을 나서 함양의 서문에서 10리 거리에 있는 두우杜郵에 이르렀을 때였다. 진나라 소왕은 응후와 다른 신하들과 상의한 끝에 말했다.

"백기는 주거를 옮겨가면서 속으로는 복종하지 않고 뼈 있는 말을 했소."

진나라 왕은 곧 사자를 보내 무안군에게 칼을 내려 스스로 목숨을 끊도록 했다. 무안군은 칼을 받아들여 자신의 목을 찌르려다가 말했다.

"내가 하늘에 무슨 죄를 지어 이 지경에 이르렀는가."

잠시 동안 있다가 말을 이었다.

"나는 죽어 마땅하다. 장평 전투에 항복한 조나라 병사 수십만 명을 속여서 모두 생매장했으니 이것만으로도 죽어 마땅하다."

드디어 스스로 목숨을 끊으니, 진나라 소왕 50년 11월의 일이다. 그는 죽었으나 죄를 지은 것은 아니었기에 진나라 사람들이 애석하게 여겨 모든 마을이 제사를 지내 주었다.

(『사기』 권73 「백기 왕전白起王翦」 열전13)

사마천은 백기의 삶에 대해 "백기는 적정敵情을 헤아려 능란한 임기응변과 기이한 계책을 무궁무진하게 내어 이름을 천하에 떨쳤다. 그러나 응후와의 틈에서 생긴 자신의 환란은 구제하지 못했다"라고 평했다.

BC.256년 진은 명맥만 유지하던 주 왕실을 멸망시켰다. 전국칠웅戰國七雄인 진·초·제·한·위·조·연 7개국 가운데 진은 나날이 국력이 커지고 6국은 평균적으로 약체화되어 당대의 식자들은 진에 의한 통일은 시간문제라고 보게 되었다. 소양왕 치세 말기에 진나라에 들어가 국정을 살펴본 순자는 진의 재상 응후에게 다음과 같이 소감을 말했다.

경내에 들어와 그 풍속을 보니, 그 백성은 질박하고 음악은 속되지 않고 복장도 난하지 않으며, 관청을 몹시 두려워하여 순종하니 상고시대의 백성과 같습니다. 도시와 관청을 보니 리吏(하급 관리)는 소연蕭然하고 공검恭儉·충신忠信하여 상고시대의 리와 같습니다. 국도國都에 들어가 사대부들을 보니 집을 나서서 관부에 출근하여 일을 보고 귀가할 뿐 사사로이 일을 꾀하지 않고 붕당을 만들지 않으며 막힘이 없고 공정하지 않음이 없는 것이 돋보이니 상고시대의 사대부와 같습니다. 조정을 보니 (고관이) 퇴조退朝할 때는 모든 일을 처리하여 계류하는 것이 없어 한가로움이 마치 '무치無治' 상태 같으니 상고시대의 조정과 같습니다. 그러니 사세四世(효공·혜문왕·무왕·소양왕)에 걸쳐 타국에 전승戰勝한 것도 운이 아니라 필연적 결과라 하겠습니다.

이때 진은 법가 사상이 이상적으로 잘 구현되고 있었다. 그러나 법가의 한계를 잘 아는 순자는 응후에게 다음과 같이 충고했다.

진은 대단히 훌륭한 나라로 상당한 장점이 있지만 한 가지 모자란 점이 있습니다. 이처럼 엄중한 국가 통제가 행해지는 나라에서는 기초적인 이론이 중요합니다. **유교를 채용하여 이를 기초 이론으로 삼으면 더욱 안정된 나라가 될 것입니다.** 유교를 무시하는 것이 이 나라의 가장 큰 단점입니다.

순자는 조나라의 효성왕孝成王(재위 BC.265~245)에게 병법을 말하면서 제나라, 위나라, 진나라의 군사를 다음과 같이 평가했다.

제나라에서는 전통적으로 기교技巧로 공격하는 것을 중히 여기고 있는데, 그 기교란 머리를 얻은 사람이면 치금淄金(8량兩의 금)을 하사하여 이를 사는 것입니다. 패전하더라도 적의 머리를 베면 포상하며, 머리를 베어 바치지 않을 경우에는 비록 승전해도 포상하지 않습니다. **적이 약하다면 제나라 군대는 그럭저럭 쓸 만합니다만, 강적과 마주치면 참새 떼처럼 뿔뿔이 흩어져 달아나고 맙니다.** 이렇듯 장병들의 심리가 안정되지 못하고 전공戰功만 탐하는 군대는 나라를 망칠 뿐이니, 이보다 더 취약한 군대는 없습니다. **이렇게 군사를 부리는 방법은 장사꾼을 고용해서 전쟁터에 보내는 것이나 다름없습니다.**

위나라의 군대는 엄격한 기준에 따라 전투원을 선발합니다. 즉 세 겹 갑옷과 투구를 착용하고 무게가 12석石이나 되는 강궁強弓을 조작하며 화살 50대, 그 위에 창검, 3일분의 식량을 짊어지고 한나절 동안 100리를 행군할 수 있어야만 선발됩니다. 일단 시험에 합격한 용사에게는 부역賦役이 면제될 뿐 아니라 토지와 주택이 공급됩니다. 이 혜택은 몇 년 후 그 병사의 기력이 쇠약해지더라도 다시 회수할 수 없게 법으로 규정되었습니다. 선발 기준이 바뀌더라도 이 규정은 변하지 않으므로 위나라는 영토는 넓다 하나 조세 수입이 적어 국가재정이 항상 부족한 상태입니다. 따라서 이러한 군대 운용은 나라를 위태롭게 합니다.

진나라의 군대는 백성의 기질이 그 척박한 영토만큼 거칠고 굳세어 군을 운용하는 방법도 가혹합니다. 진나라의 장병들은 기회가 있으면 놓치지 않고 남의 것을 탈취합니다. 승전하면 후하게 포상하여 격려하지만 패전하면 엄중하게 가차 없이 처벌합니다. **백성들이 이익을 얻으**

려면 전쟁을 통하지 않고는 다른 방법이 없습니다. 전공을 세운 자를 포상하는데 5명의 적을 죽인 자에게는 5가구의 조세 수입을 지급하고 그 관할권을 맡겨 다스리도록 규정하고 있습니다. 이러한 방안은 백성들로 하여금 다투어 튼튼한 체력을 기르고 전투 기술을 익혀 부국강병을 이룩하고 나라를 오래 보존할 수 있는 길이 됩니다. 진나라가 사세四世에 걸쳐 모든 전쟁에서 승리한 것은 결코 요행이 아니라 이 같은 관습과 법을 철저히 운용한데서 비롯된 결과입니다.

그러나 순자는 법가 정책의 성공이 오래가지 못할 것이라고 예언했다.

현재 모든 나라들의 군대는 제 능력을 팔아 포상과 이익을 추구하는 용병傭兵이나 다를 바 없어, 윗사람을 위해 죽음도 불사하는 존경심도 없거니와, 규율을 지키고 정도와 의리에 죽고 사는 마음도 없습니다. 만약 여러 나라들이 인의와 도덕 진흥에 힘쓴다면 제나라, 위나라, 진나라는 모두 취약성을 드러내 국가를 보전하지 못하게 될 것입니다. 제나라가 유능하고 어진 인재를 초빙한다든지 진나라와 위나라가 전쟁의 임기응변을 중시하고 백성과 장병들로 하여금 공명심을 숭상하게 하는 방책은 모두 기만적인 술책입니다.

예의로써 교화하는 방법만이 그 백성과 장병을 어질게 만들고 질서로 복종시키는 길입니다. 이리하여 백성과 장병들이 인의로써 교화된 나라는 크게는 천하를 통제할 수 있고 작게는 이웃한 적국을 제압할 수 있습니다.

유능한 군사전문가를 매수하거나, 백성과 장병의 공명심을 부추기는 방법만으로는 승패가 불안정하고 존망이 무상하여, 피차 대립된 상태를 벗어나지 못할 것입니다.

전근대사회에서 장병의 전의를 불태우는 방법은 침략전의 경우 약탈물 배분과 전공에 따른 포상이었고 방어전의 경우 생존 보호 본능에 호소하는 것이었다. 근대사회에서는 주로 민족주의 이데올로기로 전의를 부추기는데, 이는 인의와 교화로 군을 키워야 한다는 순자의 주장과 일맥상통하는 바가 있다. — 근대 군국주의 일본의 용병이 진나라와 비슷했다. 일본군을 어설프게 모방해 말끝마다 군기 운운하며 사병에 대한 온갖 인권 유린을 정당화하는 한국 군대는 그 수준이 잘해야 순자가 낮추어본 제나라 군사 정도일 것이다. 미국의 군대 운용이 순자가 이상적으로 본 방식에 근접했다.

소양왕 사후 태자인 안국군安國君 영주嬴柱가 즉위하니 그가 효문왕孝文王이다. 효문왕은 이듬해 죽고 태자 영자초嬴子楚가 즉위하니 그가 장양왕莊襄王이다. 장양왕도 3년 만에 죽어 장양왕의 아들인 영정嬴政이 BC.247년 13세의 나이로 진의 왕이 되었다. 그가 훗날의 시황제이다. 나이가 어려 조모인 화양태후華陽太后와 승상丞相 여불위呂不韋가 섭정했으나 BC.238년부터 친정에 나섰다.

진왕 영정의 시기에 법가로 활약한 이가 이사李斯였다. 이사는 초나라 사람으로 유가인 순자에게 배웠다. 그는 학업을 마치자 초나라 왕은 섬길 만한 인물이 못되고 6국은 모두 약소해 섬겨서 공을 세울 만한 나라가 될 수 없다고 보고 진나라로 가기로 했다. 그는 스승 순자에게 작별하며 말했다.

저는 시時(기회)를 얻으면 주저하지 말라는 말을 들었습니다.

지금은 만승萬乘의 제후들이 바야흐로 서로 세력을 다투고 있는 때로서 유자遊者(유세객)들이 정치를 주관하고 있습니다. 진나라 왕은 천하를 집어삼키고 제帝라고 일컬으며 다스리려고 하니, 이는 포의布衣인 선비가 능력을 펼칠 때이며 유세자遊說者의 시대가 온 것입니다.

비천한 지위에 있으면서 아무런 계책도 세우지 않는 것은 금수와 같은 것입니다. 그러므로 비천한 것이 가장 부끄러운 것이며, 궁핍한 것이 가장 슬픈 것입니다. 오랜 세월 비천한 지위와 곤궁한 처지에 있으면서 세상을 나무라고 이익을 싫어하여 아무것도 하지 않는 것이 선비의 마음은 아닐 것입니다. 그래서 저는 서쪽 진나라 왕에게 유세하려고 합니다.

이사는 진나라로 가서 승상 여불위의 문객門客이 되었다. 여불위는 그를 현명하다고 보아 낭관郎官(왕의 시종관)으로 임명했다. 이사는 진왕 영정에게 6국 이간책을 유세해 인정을 받았다. 이사의 주장은 다음과 같았다.

소인은 기회를 놓치지만, 큰 공을 이루는 사람은 남의 약점을 파고들어 밀고 나갑니다. 옛날에 진 목공이 패자가 되고서도 동쪽의 6국을 끝내 병탄하지 못한 까닭은 무엇입니까? 제후국의 수가 너무 많은데다가 주 왕실의 은덕이 아직 쇠퇴하지 않았기 때문에 춘추오패가 차례로 일어나 번갈아가며 주 왕실을 더욱 존중했기 때문입니다.

그러나 진 효공 이래 주 왕실이 쇠약해져서 제후국들은 서로 겸병을 하여 관동關東 지역은 6국으로 줄어들었습니다. 진나라가 승세를 타고 제후국들을 눌러 온 지 벌써 육세六世(효공·혜문왕·무왕·소양왕·효문왕·장양왕)가 지났습니다. 지금 제후국들이 진나라에 복종하는데, 비유하자면 마치 진나라의 군郡이나 현縣과 같습니다. 진나라의 강성함과 대왕의 현명함으로는, 취사부가 솥단지 위에 앉은 먼지를 닦듯이 손쉽게 제후를 멸망시키고 제업帝業을 이루어 천하를 통일하기에 충분합니다. 이는 만년에 한 번 있을 기회입니다. 지금 게으름을 피워 서둘러 취하지 않는다면 제후들이 다시 강대해져서 서로 모여 합종을 약속할 것이고, 그리되면 황제黃帝 같은 현명한 군주라도 병탄할 수 없을 것입니다.

진이 전국칠웅 가운데 독보적인 강국이기는 해도 나머지 6국이 합종合縱하면 진을 상대하기에 충분했다. 그러므로 6국의 연합을 방지하려는 외교술도 군사력 못지않게 중요했다. 이사는 이 점을 잘 설파한 것이다.

진왕 영정은 이사의 계책에 따라 은밀히 모사들에게 황금과 주옥을 가지고 가서 6국의 군주들에게 유세하도록 했다. 6국의 명사名士들 중에 매수할 수 있는 자에게는 많은 선물을 주어 진을 편들게 하고, 넘어가지 않는 자는 자객을 보내 죽여 군주와 신하 사이를 이간시켰다.

BC.233년 한비자가 한나라의 사신으로 진에 왔다.

한나라의 왕족인 한비자는 진에게 영토를 잃고 쇠약해져가는 한나라를 안타깝게 여겨 부국강병책과 체제 개혁을 군주에게 간언했으나 받아들여지지 않았다. 그의 저서 가운데 일부를 읽어본 진왕 영정은 감탄하여 "아! 과인寡人이 이 사람을 만나 사귈 수만 있다면 죽어도 여한이 없겠다![嗟乎! 寡人得見此人與之遊, 死不恨矣!]"라고 말한 바 있다.

진왕은 그를 보고 기뻐했으나 적국의 공자公子이므로 믿기를 주저했다. 이사는 한비자와 더불어 순자에게 동문수학했는데 자신이 한비자보다 못함을 알았다. 진왕 영정이 그를 기용한다면 자신의 입지가 크게 줄어들 것이었다. 이사는 한비자를 죽이려 진왕에게 말했다.

한비韓非는 진의 여러 공자 가운데 한 사람입니다. 지금 왕께서는 제후를 겸병하려 하십니다. 한비는 끝내 (모국인) 한나라를 위할 것이지 진나라를 위하지 않을 것입니다. 그것이 사람의 정리情理입니다. 지금 왕께서 그를 기용하지 않고 오래 머무르게 한 다음 (한나라로) 돌려보내면 이는 스스로 우환을 부르는 것입니다. 그를 과실을 잡아 베어 죽이는 것만 못합니다.

진왕 영정은 이사의 말이 옳다고 여겨 한비자를 투옥했다. 이사는 몰래 사람을 시켜 한비자에게 독약을 보내어 자살을 권했다. 한비자는 진

---

* 韓非, 韓之諸公子也. 今王欲並諸侯, 非終為韓不為秦, 此人之情也. 今王不用, 久留而歸之, 此自遺患也, 不如以過法誅之.

42 제1장 유교의 득세

왕을 면담하려 했으나 기회를 얻지 못하고 끝내 독약을 먹었다. 진왕은 곧 후회해 석방을 명했으나 한비자는 이미 죽은 다음이었다.

한비자는 성이 한韓, 이름이 비非이다. 제자백가를 높여 부를 경우의 관례로 보아 그를 한자韓子라고 해야 한다. 실제로 그를 경칭해 한자라고 했으나 당나라의 명유名儒인 한유韓愈를 후대 유가들이 한자라고 부르게 되어, 혼동을 막기 위해 송대 이후 법가의 한자를 한비자라 칭하게 되었다.

BC.230년 진왕 영정은 한나라를 공략해서 왕 한안韓安을 포로로 잡고 한을 멸망시켰다. 한의 영토는 영천군潁川郡으로 했다. 이어 이듬해 진의 명장 왕전王翦은 조나라의 수도인 한단邯鄲을 포위하고 BC.228년 멸망시켰다. 이때 조나라의 왕자 조가趙嘉가 종족 수백을 이끌고 연燕나라의 서쪽에 인접한 대代 지역으로 달아나 자립해서 대왕代王이라 칭하고 연나라와 연합해 진에 대항하려 했다. 연나라는 주 무왕의 둘째 아우로 주공 희단과 더불어 주나라를 안정시킨 소공召公 희석姬奭이 분봉 받아 세운 나라이다.

BC.227년 연의 태자 희단姬丹은 형가荊軻를 자객으로 보내어 진왕 영정을 암살하려 했으나 실패했다. BC.226년 진왕은 연을 공격해 연의 수도 계성薊城(현재의 북경 일대)을 함락했다. 연왕 희희姬喜는 요동遼東으로 도주했는데 태자 희단의 머리를 진에 보내어 사죄했다. BC.225년 진은 위나라의 수도 대량大梁을 함락했고 위는 멸망했다.

이어 진왕 영정은 초나라를 목표로 했다. 초는 6국 가운데 최강국이었으므로 쉽게 멸망시킬 수 없었다. 당시 진의 최고 명장 왕전은 초를 정복하려면 60만 군사가 필요하다고 했다. 그러나 진왕 영정은 20만이면 충분하다는 젊은 장수 이신李信의 말을 믿었다. 이신이 초나라에 패하자 진왕은 왕전을 기용하고 60만 군사를 주었다. 왕전은 초를 공격해 B.C.223년 멸망시켰다. 왕전은 초를 멸망시킨 후 은퇴했다.

왕전은 그의 선배인 백기 못지않은 명장이었는데 처세술은 대조적이었다. 이에 주목한 사마천은 두 사람의 전기를 한 편장에 같이 넣어 비교했다.

왕전은 빈양頻陽 동향東鄕 사람이다. 젊어서부터 병법을 좋아하여 진의 시황제를 섬겼다. 시황제 11년에 왕전은 장군이 되어 조나라의 연여閼與 지방을 무찌르고 성 아홉 개를 함락시켰다. 18년, 왕전은 장군이 되어 1년 남짓 전투 끝에 조나라를 깨뜨려 조나라 왕을 항복시키고 그 땅을 모두 평정하여 진의 군현으로 만들었다.

그해에 연나라가 형가를 보내 시황제를 찔러 죽이려 하였다. 시황제는 왕전에게 연나라를 공격하도록 했다. 연나라 왕 희喜는 요동으로 달아났고, 왕전은 연나라의 수도 계薊를 평정하고 돌아왔다. 진나라는 왕전의 아들 왕분王賁에게 초나라를 치도록 하여 초나라 군대를 깨뜨리고, 다시 군사를 돌려 위魏나라를 치게 했다. 결국 위나라 왕의 항복을 받고 위나라 땅을 평정했다.

시황제는 삼진三晉(한·위·조 삼국을 뜻함)을 멸하고, 연나라 왕을 달아나게 했으며, 초나라 군대를 자주 격파했다.

진나라 장군 이신은 젊고 용맹스러워 한번은 군사 수천 명을 이끌고 연나라 태자 단丹을 뒤쫓아가 연수衍水 가운데에서 단의 군사를 무찌르고 단을 사로잡은 적이 있었다. 시황제는 이신을 현명하고 용감한 인물이라 여기었다.

이러한 때 시황제가 이신에게 물었다.

"내가 초나라를 공격하여 얻으려 하는데 장군의 생각으로는 군사가 몇 명 정도 있으면 되겠소?"

이신이 대답했다.

"20만 명이면 충분합니다."

시황제가 왕전에게 묻자 왕전이 대답했다.

"60만 명이 아니면 불가능합니다."

시황제가 말했다.

"왕 장군은 늙었구려. 무엇을 그리 겁내시오! 이 장군은 과연 기세가 용맹하고 그의 말이 옳소."

드디어 이신과 몽염蒙恬에게 병력 20만 명을 이끌고 남쪽으로 초나라를 치게 했다. 왕전은 의견이 받아들여지지 않자 병을 핑계 삼아 (고향인) 빈양으로 돌아갔다. 이신은 평여平輿 지방을 치고 몽염은 침寢 지방을 쳐 초의 군사를 크게 무찔렀다. 이신은 또 언과 영을 쳐서 격파하고 군을 이끌고 서쪽으로 가서 성보城父에서 몽염과 만나려 했다. 그러나 초나라 군사가 사흘 밤낮을 쉬지 않고 뒤쫓아와 이신의 군사를 크게 깨뜨리고 누벽壘壁 두 곳에 침입하여 도위都尉 일곱 명을 죽였다. 진나라 군대는 패하여 달아났다.

시황제는 이 소식을 듣고 매우 화를 내며 몸소 말을 달려 빈양으로
가 왕전을 만나 사과하며 말했다.

"과인이 장군의 계책을 쓰지 않아 결국 이신이 진나라 군을 욕보였
소. 늘터는 빌노는 날미디 시깩으로 세들어온니고 하니, 꾕뀨니 빙미 듣
었다 해도 어찌 차마 나를 저버릴 수 있겠소."

왕전이 사양하면서 말했다.

"노신老臣은 병이 들고 지쳐 정신마저 어둡습니다. 대왕께서는 다른
현명한 장군을 택하십시오."

시황제는 사과하여 말했다.

"그만두시오. 장군은 다시는 그런 말을 하지 마시오."

왕전이 말했다.

"대왕께서 부득이 저를 꼭 쓰신다면 군사 60만 명이 필요합니다."

시황제는 대답했다.

"장군의 계책을 따르겠소."

왕전은 60만을 지휘하게 되었다. 시황제는 몸소 파수瀾水까지 나와
왕전을 전송했다. 왕전은 가는 도중에 좋은 전택田宅과 원지園池를 내려
줄 것을 거듭 요청했다. 시황제가 말했다.

"장군은 행군이나 하시오. 어찌 가난 따위를 걱정하겠소."

왕전이 말했다.

"왕의 장수가 되어 공이 있었어도 끝내 후侯로 봉해지지 못했습니
다. 그래서 대왕의 관심이 저에게 쏠려 있을 때를 빌려 저 또한 원지를
부탁드려 자손들의 재산을 만들어두려는 것입니다."

시황제는 크게 웃고 말았다.

왕전은 함곡관函谷關에 도착한 뒤에도 다섯 번이나 사람을 보내 좋은 논밭을 청했다. 그러자 어떤 사람이 말했다.

"장군의 요청은 너무 지나칩니다."

왕전이 말했다.

"그렇지 않소. 진왕은 포악하고 다른 사람을 믿지 않소. 그런데도 지금 진의 군사를 모두 나에게 맡겼소. 내가 자손을 위한 재산을 만들려고 많은 논밭과 원지를 요청함으로써 다른 뜻이 없음을 보여 스스로 안전하게 하지 않는다면, 진왕은 가만히 앉아서 나를 의심할 것이오."

왕전은 이신을 대신해서 초나라를 공격했다. 초나라는 왕전이 병사를 늘려 쳐들어온다는 소식을 듣고 즉시 국내의 군사를 총동원해 진나라 군에 대항했다. 왕전은 도착하자 누벽을 굳게 하고서 지키기만 할 뿐 싸우려 하지 않았다. 초나라 군대가 자주 나와 싸움을 걸었으나 끝까지 나가지 않았다. 왕전은 매일 병사를 쉬게 하고 목욕을 시키고 잘 먹여 정성껏 보살폈으며, 자신 또한 사졸들과 함께 음식을 먹었다. 시간이 오래 지나자 왕전은 사람을 보내 진중을 둘러보게 하고 이렇게 물었다.

"무엇을 하고 놀던가?"

이렇게 대답했다.

"돌 던지기와 멀리뛰기 시합을 합니다."

왕전이 말했다.

"됐다. 사졸은 이제 쓸 만하다."

초나라 군대는 자주 싸움을 걸어도 진나라 군대가 나오지 않자 군사를 이끌고 동쪽으로 물러났다. 왕전은 즉시 전군을 일으켜 추격해 장졸들에게 공격 명령을 내려 초나라 군대를 대파했다. 기수蕲水 남쪽에 이르러 초나라 장군 항연項燕을 죽이자 초나라 군대는 드디어 패주했다. 진나라 군대는 승기를 잡고 초나라의 성과 읍을 공략해 평정했다. 1년 남짓해서 초나라 왕 부추負芻를 사로잡고 마침내 초나라를 평정해 그 땅을 군현으로 만들었다. (……)

(『사기』「백기 왕전」 열전13)

왕전이 초나라를 원정하러 출병했을 때 지휘한 병력 60만은 진이 동원할 수 있는 병력의 거의 전부였다. 시황제가 은근히 모반을 우려한 것은 당연했는데 왕전은 토지를 요구해 권력에는 야심이 없다는 것을 알렸다.

군주가 유능한 장군을 의심해 모반죄로 엮어 처형하는 것은 법가의 사상으로는 정당한 행위이다. 법가를 신봉한 시황제가 통일 이후에 왕전을 역모를 빙자해 죽이지 않은 것을 보면 그래도 군주로서 도량이 넓었다 할 수 있다.

BC.222년 진나라 군사는 요동으로 달아난 연왕을 포로로 잡았다. 회군하는 길에 대 지역을 공략했다. 대왕을 칭한 조가는 자결했다. BC.221년 진은 최후로 남은 제나라를 공격해 수도 임치臨淄를 함락하고 제를 멸망시켰다.

관동關東

　현재의 산동성, 하북성과 하남성, 그리고 북경 일대를 포함하는 개념이었다. 북으로는 만리장성, 남으로는 진령산맥泰嶺山脈, 서로는 태항산맥泰行山脈에 이른다.

시황제와 유교

진왕 영정은 중국을 통일하자 자신의 공적에 알맞게 군주의 칭호를 제정할 것을 신하들에게 명했다. 이에 승상 왕관王綰, 어사대부 풍겁馮劫, 정위廷尉(최고위 사법관) 이사 등이 태황太皇이라는 칭호를 건의했다.

옛날에 오제五帝는 땅이 사방 일천리였고, 그 바깥의 후복侯服이나 이복夷服의 제후들 가운데 어떤 자는 입조入朝하고 어떤 자는 입조하지 않았으나 천자는 그들을 제어할 수 없었습니다. 지금 폐하께서 의로운 병사를 일으키시어 잔적殘賊을 베고 천하를 평정하여 해내海內(천하)를 군현郡縣으로 만들고 법령을 통일하셨으니, 상고 이래로 일찍이 없었던 일로 오제라 할지라도 감히 미치지 못합니다.

신들이 삼가 박사博士 등과 함께 의론하여 말하기를 "고대에는 천황天皇이 있고 지황地皇이 있고 태황太皇이 있었는데 태황이 가장 존귀하였다" 하였습니다. 신들이 죽음을 무릅쓰고 존칭을 올리오니 왕을 태황이라 하십시오. 명命을 제制라 하시고, 령令을 조詔라 하시고, 천자가 스스로를 부를 때는 짐朕이라 하십시오.

진왕 영정은 이에 자신의 의견을 말했다.

태泰 자를 없애고 황皇 자를 남겨두고 상고시대의 제帝 칭호를 받아 들여 황제皇帝라 칭할 것이다. 다른 것은 논의한 대로 하라.

이어 진왕 영정은 자신을 시황제始皇帝(첫 황제)라 부르도록 했다.

황皇은 원래 '빛나는' '위대한' 등의 의미가 있다. 예를 들면 '황천皇天'은 '위대한 하늘'이란 뜻이다. 제帝는 상제上帝를 의미한다. 상제는 천제天帝라고도 하는데 하늘에서 우주만물을 주재하는 최고의 신이다. 그러므로 황제는 '빛나는 상제'란 의미가 된다.

황제 이전 군주의 최고 호칭은 왕으로 주나라 군주만이 독점할 수 있는 호칭이었다. 주의 왕을 또한 천자天子라고 했는데, 상제의 아들이란 뜻이다. 그러니까 천자에는 상제의 명을 받아 인민을 다스리는 군주라는 의미가 들어 있다. 이에 비해 황제는 상제 그 자체가 된다. 황제는 지상에 출현한 상제로서 당연히 전제군주가 될 수밖에 없었다.

그러면 황제 권력이라는 절대 권력이 탄생할 객관적 조건은 있었는가? 당연히 있었다. 진나라에서는 법가가 추구한 변법 개혁의 성공으로 군주의 절대 권력이 성립할 수 있는 여건이 구비되었으니, 수전授田 제도에 기초한 이른바 제민齊民 지배 체제의 완성이었다.

진의 수전 제도는 법가 사상에 기초한 것으로 **5인 가족으로 이루어진 소농 가구**에 — 이 역시 국가정책에 의해 인위적으로 형성된 것이다 — 국유 토지를 임대해 경작하도록 하고 농기구와 종자도 제공해 민의 생계를 보장했다. 그러나 잉여는 모두 수탈해 풍요를 허락하지 않았다.

수전 제도는 어찌 보면 매우 공산주의적인 제도인데, 제민齊民(빈부 격차가 없는 가지런한 백성)을 인위적으로 창출해 호족豪族의 사적 지배를 막고 국가가 독점적으로 인민을 지배할 수 있도록 만드는 것을 목표로 했다. 제민 지배 체제는 계층 분화와 몰락 농민의 발생 여지를 철저히 봉쇄하는 것을 목표로 해 국가가 수여한 토지 이외의 토지를 점유하는 것도, 수여한 토지를 포기하는 것도 허용하지 않았다. 이는 국가가 모든 생산수단을 장악하고 모두에게 일자리를 제공한 20세기의 공산주의 체제와 유사한 것이었다. 평등하게 가난해지고 상호 감시와 고발을 일삼게 된 피지배층은 무력과 부를 독점한 국가권력(군주권)에 무력할 수밖에 없었다.

진나라가 완성한 중국의 황제 지배 체제는 지구상 출현한 여타 전제 왕정과 비교할 수 없을 정도로 강력히 민을 통제, 억압하는 것이었다. 조지 오웰은 볼셰비즘의 득세에 서구 문명이 위험에 처해 있다고 보고 이를 경고하려 『1984』을 지었다. 그런데 중국은 이 저술이 나오기 2천 년 전에 '빅브라더Big Brother'가 지배하는 정치체제를 구현한 것이다.

중국을 통일했으니 이제 광대한 영토를 어떻게 다스릴 것인지가 중차대한 문제였다. 진나라는 봉건제를 폐지하고 중앙정부가 직접 지방을 통치하는 군현제를 실시했으나 통일 후에도 이 제도를 전국적으로 시행할 것인지는 논쟁거리가 되었다. 승상 왕관 등 고관 다수가 봉건제를 주장했다.

제후들이 막 무너졌지만 연나라, 제나라, 초나라 땅은 멀어서 왕을 두지 않으면 그들을 제압할 수 없습니다. (황제의) 여러 아들을 (왕으로) 세울 것을 청하오니 상上께서 허락해주십시오.

시황제는 여러 신하들에게 논의하도록 했는데 모두 봉건제에 찬성했다. 그러나 정위 이사가 군현제를 전국적으로 실시하자고 주장했다.

주 문왕과 무왕이 분봉한 자제子弟와 (주나라 왕실과) 동성同姓인 이들이 매우 많았으나, 이후 후손들이 사이가 멀어져서 마치 원수같이 서로 공격했고, (성씨가 다른) 제후들은 더욱이 서로 죽이고 정벌했습니다. 그런데도 주나라 천자는 이를 막거나 그치게 할 수 없었습니다. 지금 해내海內가 폐하의 신령神靈에 힘입어 통일되어 모두 군현이 되었습니다. 여러 아들과 공신들에게 그곳의 부세賦稅로 후한 상을 내리면 매우 쉽게 통제할 수 있습니다. 천하에 다른 마음을 품는 이가 없게 하는 것이 천하를 평안하게 하는 술수입니다. 제후를 두는 것은 이롭지 않습니다.

시황제는 다음과 같이 말하여 이사의 의견을 받아들였다.

천하에 전쟁이 멈추지 않아 모두 고통을 받았는데, 이는 (봉건된) 제후와 왕이 있었기 때문이었다. 종묘의 힘을 입어 천하가 막 평정되었는데, 또다시 (분봉하여) 제후국을 세우는 것은 전쟁의 싹을 틔우면서 안식을 구하려는 것이니, 어찌 어렵지 않겠는가! 정위의 의견이 옳도다!

이는 진의 제민 지배 체제를 중국 전역으로 확대 실시하기로 결정한 것이었다. 시황제는 통일 중국을 36개의 군郡으로 나누었는데 1개 군의 인구는 1백만 정도였다. 군은 몇 개의 현縣으로 나누었다. 군의 장관을 수守, 현의 장관을 령슈이라 했는데 통상 군수郡守, 현령縣슈이라 했다. 36군이 이때 진부 설치된 것이 아니라 진 왕국의 확장과 6국을 멸망시키면서 설치되었는데, 시황제가 봉건제의 시행을 거부함에 따라 전국적으로 군현을 설치한 것이다.

시황제 31년(BC.216) 시황제는 제민 지배 체제의 한계를 인정하는 중대 조치를 했다. 민이 실제 점유하고 있는 토지를 스스로 관에 신고하도록 한 것이다. 이는 수전 체제의 포기였다. 진은 제민 지배 체제를 유지하기 위해 완벽할 정도의 법률, 제도, 정책을 갖추고 추진했다. 그러나 제민의 계층 분화는 어찌할 수 없는 것이었다. 농민 가운데 몰래 개간해 토지를 대규모로 점유한 지방 유력자가 나오고, 파산하는 소농도 나왔다.

제민 체제를 유지하기 위해서는 엄격한 민중 통제와 엄형嚴刑을 실시하지 않을 수 없었는데, 이로 인해 범법자가 대량으로 나오게 되었고 이들은 처벌을 피해 치안이 미치지 않는 지역으로 망명도주해 군도群盜가 되거나 지방 유력자에게 투탁投託했다. 이를 막으려 관료 기구를 비대화시킬수록 행정 비용은 증가하고 관의 부패는 심해져 국가재정이 위기에 봉착하고 법은 형해화되었다. 상황이 국가 공권력으로 어찌할 수 없는 지경에 이르자 시황제는 현실을 인정한 것이다.

이듬해인 시황제 32년(BC.215)에는 토지를 경작하던 농민이 경작지를 영구 소유하는 것을 인정했다.

제민 지배 체제는 군주의 인민 지배를 저해하는 어떤 존재도 용인하지 않았다. 그러므로 몰락 농민을 사적으로 지배할 수 있는 대토지 소유자인 호족의 존재도 인정하지 않았다. 그런데 토지의 국유를 포기하고 사적 소유를 인정한 것은 한편으로는 호족이 자신에게 투탁한 소농민을 예속시키는 것을 용인한 것이었다.

그러나 극심한 사회 변화를 겪었던 춘추전국시대에 지배층과 피지배층 모두가 암묵적으로 합의한 균분均分(부의 평등) 이데올로기는 어떤 왕조에서도 포기할 수 없는 것이었다.

서주 말에서 춘추시대 초에 걸쳐 토지경제의 변화로 씨족공동체의 해체, 토지의 사적 점유, 토지 점유의 불균등, 계층 분화 같은 현상이 나타났다. 이에 따라 사회체제의 개편이 필요하다는 인식이 널리 퍼졌다.

토지 점유 경쟁에서 낙오한 빈농은 토지의 안정적 보유를 갈망했다. 지배층도 빈궁자의 최소한의 생계 보장 요구를 수용하지 않을 경우 파국을 맞을 수 있다고 인식했다. 군주도 빈궁자가 지나치게 많이 생기고 대부호인 대토지 소유자가 늘어나면 군주권이 위협받는다는 것을 인지했다. 균분 이념은 제자백가 모두가 공유한 것으로 이를 구체적인 정책으로 나름대로 구현한 학파가 법가이다.

법가의 한계가 드러나 수전 제도를 포기했지만 시황제는 곧장 유가를 국가 통치의 원리로 채택할 수도 없었다. 법가의 엄형주의는 관성적으로 지속되었다.

시황제 32년(BC.215) 시황제 영정은 장군 몽염에게 30만 병력을 주어 흉노 원정을 하도록 했다. 몽염은 오르도스 지방에서 흉노를 축출하고 34현을 설치했다. 시황제는 몽염에게 만리에 이르는 장성을 쌓도록 했다. 장성은 이때 처음 쌓은 것은 아니다. 전국시대에도 진, 조, 연은 흉노의 침입에 대비해 장성을 쌓았는데 이를 연결하고 대규모로 보완한 것이었다. 이때 쌓은 만리장성은 현재 남아 있는 명나라 때 쌓은 만리장성보다 훨씬 더 북쪽에 위치했다.

만리장성은 북방 유목민족에 대한 지배를 포기하고 또 다른 세계를 인정한 것인데, 이는 "천지 사방은 모두 황제의 땅이다. 사람의 발길이 닿는 곳에 신하의 예를 갖추어 복종하지 않는 자가 없다"라고 시황제 스스로 규정한 무한적인 황제 통치 개념에 어긋나는 것이었다.

시황제 34년(BC.213) 시황제 영정은 함양궁에서 주연을 베풀었다. 이 자리에서 복야僕射 주청신周靑臣이 시황제에게 송頌(찬양하는 글)을 읊었다.

옛날 진나라 땅은 사방 천리에 지나지 않았으나 폐하의 신령과 밝은 성덕에 힘입어 해내를 평정하고 만이蠻夷를 쫓아내니 해와 달이 비추는 곳이라면 복종하지 않는 자가 없습니다. 제후국을 군현으로 삼으시니 사람마다 절로 안락하고 전쟁의 근심이 없어져 만세까지 전하게 되었습니다. 상고시대부터 어느 군주도 폐하의 위엄과 덕망에는 미치지 못합니다.

이에 제나라 출신의 박사 순우월淳于越이 나아가 국정 전반의 기조에 관해 건의했다.

　신이 듣건대 은나라, 주나라의 왕들이 천여 년 동안 다스린 것은 자제와 공신들을 제후로 봉해 버팀목이 되게 하였기 때문입니다. 지금 폐하께서는 천하를 가지셨으나 자제들은 필부匹夫(신분이 낮은 보잘것없는 사내)가 되어 있어, 갑자기 전상田常이나 육경六卿 같은 신하들이 나타나면 보필할 인물이 없으니 어찌 서로 도울 수가 있겠습니까? 일을 할 때 옛사람들을 본받지 않고 매사가 오랫동안 유지될 수 있다는 얘기를 들어본 적이 없습니다. 지금 주청신이 면전에서 아첨하여 폐하의 잘못을 무겁게 하니 충신이 아니옵니다.

주 무왕은 태공망 강상姜尙을 산동 반도 지역에 봉해 제나라를 세우게 했다. 전상田常은 제나라의 세족世族(여러 대를 계속해서 국가의 주요 벼슬을 하는 가문)으로 BC.481년 경卿의 자리에 올라 국정을 담당했다. 이후 4대에 걸쳐 전씨 가문은 권력을 독점하다가 BC.386년 마침내 제나라의 군주가 되었다.

육경六卿은 춘추시대 강국인 진晉의 세족 여섯 가문을 말하는데, 이 가운데 3대 가문인 한韓씨·위魏씨·조趙씨가 BC.453년 진나라를 셋으로 나눠 한·위·조, 세 나라가 생겼다. 순우월의 주장은 옛 제도를 중시하는 유가 사상에 기초해 은과 주 시대의 봉건제를 찬양한 것이다.

군현제를 봉건제로 바꾸는 것은 국정 운영 방향을 전적으로 바꾸는 중대사이므로 시황제는 대신들에게 이를 논의하라고 명했다.

승상 이사는 글을 올려 현 제도가 옳다고 하면서 필요 없는 서적을 태우고 정부 정책을 비방하는 자를 사형에 처하자고 주장했다.

오제五帝가 나라를 다스리는 방법이 서로 같지 않았고, 삼대三代가 서로 답습하지 않고 각자 달리 다스린 것은 서로 반대해서가 아니라 시대가 변해 달라졌기 때문입니다. 이제 폐하께서 대업을 이룩하고 만세에 남을 공덕을 세웠으니 이는 어리석은 유생들이 참으로 알 수 없는 일입니다. 하물며 순우월이 말한 것은 삼대의 일인데 어찌 본받을 만한 것이겠습니까?

이전에는 제후들이 모두 다투었으므로 떠도는 학자들을 초빙하여 후하게 대접했습니다. 지금은 천하가 이미 안정되어 법령이 통일되고 백성들은 농공農工에 힘쓰고 선비들은 법령을 학습하고 해서는 안 될 일들을 피하고 있습니다. 그런데도 여러 유생들은 지금 것을 본받지 않고 옛것을 배워 이 시대를 비난하면서 백성을 미혹하고 어지럽히고 있습니다.

승상 신 이사가 죽음을 무릅쓰고 아뢰옵니다.

옛날에 천하가 나뉘고 혼란스러워도 천하를 통일할 수 있는 사람이 없었기 때문에, 제후들이 모두 일어서서 말로는 모두 옛것을 법도로 하고 지금 것을 비난하며 허망한 말로서 사실을 어지럽히고 사람마다 학문을 잘 안다고 하여 위에서 세운 제도를 비난했습니다.

이제 황제께서 천하를 합하여 소유하시고 흑과 백을 구분하여 하나된 기준을 정하셨는데, 아직도 사사로운 학문으로 법령과 교화를 비난하고 내려진 법령을 듣고 각기 자신의 학문으로 그것을 논의하니, 집 안에서는 마음속으로 헐뜯고 집 밖으로 나오면 길거리에서 논의하는데, 군주를 비방하는 것으로 이름을 얻고 다른 주장을 내세우는 것으로 고상하게 여겨 뭇 사람을 이끌어 비방을 일삼고 있습니다. 이런 짓을 금하지 않는다면 위로는 군주의 위세가 떨어지고 아래로는 당파가 만들어질 것입니다. 마땅히 이를 금지하는 것이 이롭습니다.

신은 사관에게 명해 진나라 기록이 아니면 모두 태우라고 청합니다. 박사관博士官의 직무를 수행하고 있는 자가 아닌데도 감히 『시경』, 『서경』, 제자백가의 저작을 소장하고 있으면 군수郡守와 군위郡尉(군수를 보좌하고 군의 군사를 관장하는 관직)에게 제출하게 해서 태우게 하십시오. 감히 짝을 지어 『시경』과 『서경』에 대해 논의하는 자는 저잣거리에서 죽여 보이십시오. **옛날에 근거해 지금을 비난하는 자는 일족을 멸하고, 관리로서 이것을 보고 알고도 고발하지 않는 자는 같은 죄로 다스리고,** 명령을 내린 지 30일이 되어도 책을 태우지 않은 자는 입묵入墨하여 매일 아침 일찍 일어나 성벽을 쌓는 죄로 다스립시오. 없애지 않아도 될 것은 의약, 점복, 나무 재배 관련 서적입니다. 만약 법령을 배우려는 자가 있다면 관리를 스승으로 삼게 하시옵소서.

시황제는 이사의 건의를 받아들여 시행하도록 했다. 통일 후 가혹한 법가의 정치를 중국 전역에 시행하니 이에 대한 반발이 컸는데, 이사는 이를 탄압하자고 주장한 것이다.

이듬해인 시황제 35년(BC.212) 유생에 대한 대대적인 탄압이 있었는데 이는 신선술神仙術에 심취한 시황제가 방사方士(신선술을 닦는 도사)들에게 사기를 당한 것이 발단이었다.

시황제는 중국을 통일하고 황제가 되자 곧 신선술에 심취했다.

죽음을 피할 수 없는 인간에게 무병장수, 불로장생의 욕구는 매우 자연스러운 것이다. 전쟁이 일상화되어 제명에 죽기 쉽지 않았던 춘추전국시대에 중국인의 불로장생에 대한 욕구와 관심은 증폭되었다. 이에 따라 장생불사의 깃발을 내걸고 세속을 벗어난 선계仙界를 추구하는 자들이 나왔는데 이들을 방사라 했다. 방사는 속세의 범인凡人을 신선으로 만드는 길잡이 역할을 자임했다. 제나라의 위왕威王과 선왕宣王, 연나라의 소왕昭王 등 전국시대의 많은 군주들이 신선을 찾고 선약仙藥을 구하기 위해 방사들을 각지에 파견했다.

시황제는 통일 이후 전국으로 순행巡幸을 자주했는데 시황제 28년(BC.219) 두 번째 순행에서 산동 반도의 낭야산琅邪山에 석 달간 체류했다. 이때 방사 서불徐市이 바닷속에 봉래산蓬萊山, 방장산方丈山, 영주산瀛洲山 등 삼신산三神山이 있으며 그곳에 신선들이 살고 있으니 어린 남녀와 함께 신선을 찾으라는 글을 올렸다. 시황제는 서불과 어린 남녀 수천을 보내어 신선을 찾게 했다. 시황제 32년(BC.215) 3차 순행 역시 동쪽으로 갔는데 이때 방사 한종韓終, 후공侯公, 석생石生을 보내어 불사약을 구하도록 했다. 시황제 35년에는 방사 노생盧生이 시황제에게 불사약을 얻는 방법을 말했다.

　　신들이 영지靈芝(불로초), 선약, 신선을 찾았으나 늘 만나지 못했으
니 이는 무언가가 방해하는 것 같사옵니다. 방술에 인주人主(임금)가 때
로 신분을 숨기고 다니면서 악귀를 피하면 악귀가 물러나고 진인眞人(신
선이 된 자)이 온다 했습니다. 임금이 머무는 곳을 신하들이 알면 신선에
게 방해가 될 것입니다. 진인은 물에 들어가도 젖지 않으며 불에 들어가
도 타지 않고 구름을 타고 다니며 천지와 더불어 영원합니다. 지금 황제
께서 천하를 다스리시나 아직은 편안하고 안정되지 않았습니다. 바라건
대 머무시는 궁궐을 다른 사람들이 알지 못하게 한 다음에야 아마 불사
약을 얻을 수 있을 것입니다.

　　이에 시황제는 "나는 진인을 흠모하니 스스로 진인이라고 할 것이며
짐이라 칭하지 않겠다"고 말했다. 이후 시황제는 자신의 처소가 어디인
지 모르게 했다.

　　방사들을 단순히 사기꾼이라 할 수는 없다. 이중에는 높은 유교적
소양을 가진 자들도 있었다. 상하 막론하고 신선술에 관심이 많던 시대
였으므로 유생도 방술方術을 익혀 방사와 구별하기 어려운 자도 많았
다. 당시의 지식인들은 부귀영화를 얻으려 각자 유술, 법술, 신선술을
익히고 이를 활용했다.

　　방사 후생과 노생은 시황제의 정치를 다음과 같이 평하고 은거했다.

시황제는 천성이 사납고 자기주장만 내세우오. (일개) 제후에서 일어나 천하를 병탄하였고 그가 원하는 것은 모두 이루어지고 있소. 상고 이래 자신을 능가할 자가 없다고 자부하면서 오로지 옥리獄吏만 믿어 그들만 총애를 입고 있소. (유가의) 박사는 70명이나 있다 하나 그들은 자리만 채우고 있을 뿐 (시황제는) 그들의 말을 듣지 않고 있소. 승상과 여러 대신들은 모두 일상적인 업무만 지시받을 뿐 모든 것은 오직 위에서만 결정되고 있소. 상上은 형벌과 살육으로 위엄을 세우기를 좋아하니, 천하 사람들은 죄를 두려워하며 관리들은 녹봉에만 연연할 뿐 아무도 충성을 다하려 하지 않소. 상은 자신의 허물을 듣지 않으니 날마다 교만해지고 있으며, 신하들은 해를 입을까 두려워 엎드려 속여 안락함만을 취하고 있소.

진나라의 법은 한 사람이 두 가지 이상의 방술方術을 겸하지 못하게 하고 그 방술이 효과가 없으면 바로 사형이오. 성상星象(별자리 모양)과 운기雲氣를 관측하는 자는 300명에 이르고 있는데 모두 훌륭한 선비이나 비위를 거스를 것이 두려워 아첨할 뿐 감히 황제의 과실을 직언하지 않소. 천하의 일이 크고 작은 것을 막론하고 모두 상上에 의해 결정되니 상은 읽어야 할 문서의 중량을 저울질해서 밤과 낮으로 읽을 분량을 정해 놓는 지경에 이르렀소. 그 분량에 이르지 못하면 쉴 수도 없소. 권세를 탐하는 것이 여기에 이르렀으니 그를 위해 선약을 찾아서는 안 될 것이오.

이는 시황제의 통치 행태에 대한 신랄한 비판이었다. 시황제의 통치는 만기친람萬機親覽에 국궁진력鞠躬盡力이었다. 이런 유형의 권력자는 나쁘게 보면 의심이 많아 다른 사람을 믿지 못하는 것이며 지나친 권력욕을 지닌 것이다. 시황제는 이를 듣고 크게 화를 내며 말했다.

내가 전에 천하의 책을 거두어 그 중 쓸모없는 것들을 모두 없앴다. 문학과 방술을 하는 선비들을 무더기로 부른 것은 태평성대를 일으키고자 함이었는데, 방사들은 선약을 구하려 했다. 지금 들으니 방사 한종은 멀리 떠나서 소식이 없고, 서불 등은 거만巨萬의 비용을 들였는데도 끝내 불사약을 얻지 못하고 한갓 간사하게 이익만 챙긴다는 보고가 날마다 들린다. 내가 노생 등을 존중하여 그들을 몹시 후대했으나 이제는 나를 비방하니 나의 부덕함이 크다. 함양咸陽(오늘날의 서안西安)에 있는 유생들은, 내가 사람을 시켜 살피게 하니 어떤 자는 요사한 말로 백성을 현혹하고 있다.

시황제가 어사御使를 보내 수도 함양의 유생들을 심문하니 서로 고발했다. 법으로 금지한 것을 위반한 자가 460여 명이었다. 이들을 함양에서 모두 생매장했다. 이를 '갱유坑儒'라고 하지만 유생은 생매장 당한 자 가운데 일부에 불과했다. 시황제의 갱유는 본질적으로 방사 집단에 대한 탄압이었고 유생은 연루된 것에 불과했지만 유가 탄압의 전형으로 인식되었다.

시황제의 엄혹한 조치에 태자 영부소嬴扶蘇가 간언했다.

천하가 막 평정되었으나 먼 곳의 백성들은 아직 따르지 않고 있습니다. 유생들은 모두 암송하여 공자를 규범으로 하고 있는데, 지금 황상께서 법을 엄격히 하여 그들을 옭아매니 신은 천하가 안정되지 않을까 두렵습니다. 황상께서 이 점을 살펴주소서.

시황제는 노하여 태자를 멀리했다. 흉노를 방비하는 장군 몽염을 감시하도록 한다는 명분으로 태자를 북변의 상군上郡으로 보냈다.

한편 진 제국의 승상으로서 최고의 부귀영화를 누리게 된 이사는 스승 순자의 충고를 생각하며 탄식했다.

아! 나는 순자께서 **"사물이 지나치게 강성해지는 것을 경계해야 한다"**고 한 말씀을 들었다. 나는 상채上蔡에서 태어난 평민이요 시골의 백성일 뿐인데, 주상께서 내가 아둔하고 재능이 없는 줄도 모르고 뽑아서 오늘의 이 지위까지 오르게 하셨다. 지금 다른 사람의 신하된 자로서 나보다 윗자리에 있는 자가 없으니, 부귀가 극에 달했다 할 수 있다. 만물은 극에 이르면 쇠퇴하므로 나의 앞날이 어찌될지 알 수 없구나!

동양의 군주정 비판

페르시아 아케메네스왕조의 정치체제 논쟁

흔히 세계사에서 민주주의는 그리스에서 싹튼 것으로 알려지고 있으며 민주정, 군주정, 과두정 등 다양한 정치체제에 대한 논의도 그리스인이 최초로 한 것으로 알려져 있다. 근대 민주주의 역시 서유럽에서 기원한데다가 동양에서는 군주정이 지속되었으므로 동양인은 비민주적이고 권위적인 전통만 있다는 오해가 널리 퍼져 있다. 사실 제자백가 가운데 군주정을 비판하는 견해는 없다. 명나라 말의 유신遺臣 황종희黃宗羲가 『명이대방록明夷待訪錄』에서 군주의 존재에 회의를 드러냈으나 그 이상의 의견 표시는 하지 않았다. 그러나 기록이 부족할 뿐이지 동양에서도 정치체제에 대한 심각한 논의가 있었다.

아케메네스왕조의 페르시아제국 황제 캄비세스 2세가 이집트 원정 중에 마고스(고대 페르시아 제국의 사제 계급)들이 반란을 일으켰다. 캄비세스 2세는 귀국하던 중 급사했고 마고스들이 집권했다. 이에 왕족과 귀족들이 궐기해 마고스들을 처단하고 여러 부족의 반란을 진압해 제국을 안정시켰다. BC.522년의 일이다. 제국 부흥의 공로자 7인은 어떠한 정체政體를 채택할 것인가를 놓고 토론했다.

헤로도토스의 명저 『역사』에서는 토론의 모습과 내용이 상세히 기술되어 있다. 헤로도토스는 "회합 장소에서 논의되었던 여러 가지 사항을 많은 그리스인은 믿기 어려운 것으로 여기지만 그러한 논의는 확실히 있었다"고 했다.

다음은 토론 내용이다.

오타네스는 인민이 국정을 맡아야 한다고 주장하며 다음과 같이 말했다.

　1인 통치는 좋은 일도 유쾌한 일도 아니기 때문에 이제는 그러한 일이 있어서는 안 된다는 것이 내 의견이오. 여러분은 캄비세스 2세가 얼마나 폭정을 했는지 잊을 수 없을 것이며 또 마고스의 폭정도 몸소 체험했소.

　어떤 책임도 지지 않고 하고 싶은 대로 행하는 것이 가능한 군주정이 어떻게 질서 있는 제도가 될 수 있겠소? 이러한 정치체제에서는 이 세상에서 가장 뛰어난 인물이라도 일단 군주의 자리에 앉으면 예전의 심정을 잃게 되오. 군주정의 전형적인 악덕은 질투심과 자만심이오. 질투심은 천성적인 인간의 약점이며, 자만심은 현재의 부귀영화에 의해 그가 자신을 다른 사람보다 뛰어난 인간으로 착각하는 데서 생겨나오. 그리고 이 두 가지 악덕은 모든 악의 근원이오. 그리하여 야만적인 행위와 무자비한 폭력을 불러일으키게 마련이오.

　본래 군주는 그가 원하는 것은 무엇이든 마음대로 할 수 있기 때문에 질투심이라는 것이 없어야 하지만 실제로 인민에 대한 태도는 그 반대요. 그는 자신의 신하 중 가장 덕망 있는 자를 질투하며 죽기를 바라오. 반면에 가장 비열하고 저열한 자들을 총애해 그들의 중상모략에 귀를 기울이게 되오. **이 세상에 군주만큼 변**

덕스러운 자는 없소. 적당히 칭송하면 그것으로는 부족하다고 화를 내고, 지나치게 받들면 아첨꾼이라고 성을 내오. 그러나 가장 나쁜 것은 법을 무시하고 재판 없이 사람을 죽이며 여자를 강제로 범하는 것이오.

이에 비해 다수의 통치는 첫 번째로 모든 사람은 동등한 권리를 가진다는, 세상에서도 아름다운 명분을 갖고 있고, 두 번째는 군주정에서 일어나기 쉬운 나쁜 일이 일어나지 않소. 관리들은 추첨에 의해 선출되고 책임지고 직무를 수행하며 모든 국가정책은 공론에 의해 결정되오. 그러므로 나는 군주정을 폐지하고 인민 주권을 확립해야 한다고 제안하오. 인민이 전부이기 때문이오.

오타네스가 이러한 의견을 제시한 데 대해 메가비조스는 과두정을 실시하는 것이 바람직하다면서 이렇게 말했다.

오타네스가 군주정을 폐지해야 한다고 말한 데 대해서는 전적으로 동의하지만, 주권을 인민에게 맡겨야 한다는 견해는 최선이 아니라고 생각하오. **인민처럼 지각없고 변덕스러우며 통제하기 어려운 존재는 없소.** 독재자의 변덕을 피하려다 무례한 폭민暴民에 여러분을 내맡길 생각을 하지 말아야 하오.

독재자는 최소한 일을 행하는 데 있어 무엇을 하는지 알고서 하지만 인민의 경우는 전혀 그렇지 않소. 본래 무엇이 옳고 정당한지 지각할 능력이 없는, 배우지 못한 자들이 어찌 자신들이 무엇을 하는지 알겠소? 그들은 마치 물이 세차게 흐르는 강처럼 생각도 없이 덮어놓고 국사를 추진해 모든 것을 엉망으로 만들 뿐이오. **페르시아의 적들이나 민주정을 하라고 하시오.**

국민 중에서 가장 뛰어난 인재들을 선발해 이들에게 정부를 맡기기를 제안하오. 우리 자신도 그 속에 들어갈 것이고, 가장 뛰어난 자들에게 권력이 주어져야 가장 뛰어난 정책이 나올 것이오.

메가비조스가 이러한 의견을 개진하자 다레이오스(다리우스)가 앞으로 나와 다음과 같이 말했다.

나는 메가비조스가 민주정에 대해서 말한 것은 옳다고 생각하지만 과두정에 대한 발언은 올바르다고 보지 않소. 여기서 제기되고 있는 3가지 형태의 정부 — 민주정, 과두정, 군주정이 각각 최선의 상태로 실행되고 있다고 가정할 경우, 나는 군주정이 다른 두 제도보다 훨씬 우월하다고 단언하오. 가장 뛰어난 한 사람에 의한 통치 체제보다 더 나은 체제가 있을 수 있소?

그러한 인물은 그의 탁월한 식견을 발휘해 인민이 만족하게끔 통치하오. 또한 적에 대한 정책도 어떠한 체제하에서보다 그 비밀이 가장 잘 유지될 것이오. 반대로 **과두정에서는 공익을 위해 공적을 쌓으려 애쓰는 사람들 사이에 격심한 적대 관계가 생기기 쉽**

고 누구나 자기가 우두머리가 되어 자신의 정책을 실시하려 하니, 격렬한 다툼이 생겨 공공연한 내분으로 발전해 종종 유혈극으로 끝나게 되오. 그리하여 군주정으로 가게 되는 것이오. 이렇게 볼 때 군주정이 최선의 것이라는 것을 알 수 있을 것이오.

한편 민주정의 경우 악이 만연하는 것을 피할 수 없소. 공적인 일에 악이 만연할 때에는 악인들 사이에 적대 관계가 아니라 오히려 강고한 우애감이 생기는데, 이는 그들이 한통속이 되어야 못된 짓을 계속할 수 있기 때문이오. 그리하여 결국 누군가가 공익의 옹호자로 나와 악인들을 제압하게 되고, 그 결과는 이러한 위대한 공적을 세운 사람이 국민의 찬양을 받게 되며 결국에는 군주로 추대될 것이오. 이렇게 볼 때 군주정이 최고의 정체라는 것이 명백하오.

마지막으로 한마디를 더 말하면, 현재 우리가 누리는 자유는 도대체 어디에서 얻은 것이오? 민주정? 과두정? 그렇지 않으면 군주에 의해서 얻은 것이오? 우리는 오직 한 인물이 우리에게 자유를 찾아주었기 때문에(역주 : 키루스 2세가 메디아에 복속된 페르시아를 독립시키고 제국으로 발전시킨 것을 말함) 1인 통치제(군주정)를 고수해야 한다는 것이 나의 결론이오. 그 이유가 아니더라도 우리 조상들이 잘 운영한 국가체제를 변경해서는 아니 되오. 체제를 바꾸면 재앙이 오게 될 것이오.

위와 같은 세 가지 의견이 나왔는데, 의견을 내놓지 않은 4명은 다리우스의 주장에 찬성했다. 페르시아에 민주정을 수립시키고 싶었던 오타네스는 자신의 주장이 관철되지 않자 다시 일어나 일동에게 말했다.

동지 여러분, 이렇게 된 이상 추첨에 의해서 정하든, 페르시아 국민으로 하여금 선택하게 하든, 아니면 그 밖의 다른 방법으로 하든 우리 중 한 사람이 왕이 될 수밖에 없소. 그러나 나는 다른 사람을 지배하기도, 다른 사람에게 지배받기도 싫으므로 왕위 경쟁에 나서지 않겠소. 나는 물러가나 한 가지 조건이 있소. 그것은 나는 물론 내 자손 대대로 그대들 가운데 어느 누구의 지배도 받지 않겠다는 것이오.

이러한 오타네스의 발언에 다른 6인이 그 조건을 수락했고, 오타네스는 왕위 계승 경쟁에서 물러나 국외자의 입장에 서게 되었다.

누르하치의 정치체제론

청나라를 건국한 누르하치도 군주독재에 회의적이었다. 그는 1622년 봄 자신의 사후 국정 운영을 '8왕 합의제八王合議制'로 할 것을 공표했다. 8왕은 8개 부대로 이루어진 8기의 통솔자인 버일러를 말한다. 그 주된 내용은 한汗의 즉위와 폐위, 군정軍政, 재판권, 관리의 임용과 상벌, 팔기 사이의 분쟁, 권력의 균분 등을 8왕이 합의로 결정하도록 한 것이다.

　나를 이어 군주가 될 사람은 세력이 강한 사람이어서는 안 된다. 이런 사람이 한번 나라의 임금이 되면 강한 세력을 믿고 하늘에 죄를 짓게 된다. **그리고 한 사람의 식견이 여러 사람의 지혜에 미칠 수 있겠는가.** 너희 8인은 8쿠사 왕이니 힘을 합하여 나라를 주간하여 실정失政이 없게 하라. 8쿠사 왕, 너희 가운데 재덕이 있고 간諫함을 받아들일 수 있는 자가 나를 이어 즉위할 수 있을 것이다. 만약 간함을 받아들이지 않고 도에 따르지 않거든 다시 유덕한 자를 뽑아서 즉위하게 함이 옳다.

　누르하치는 한이 절대 권력을 누리는 것이 국익에 도움이 되지 않는 것으로 생각하고 과두정치를 이상적으로 본 것이다. 중국사에 정통한 그가 얻은 결론은 군주의 독선과 오만이 나라를 망친다는 것으로 이를 두려워하여 연정聯政을 선호했다.

　사망하기 얼마 전인 천명天命 11년(1626) 6월 누르하치는 다음과 같이 훈시하여 연정 체제를 다시 한 번 강조했다.

　재물이 있으면 8가八家에서 고루 나누어 공용으로 쓰되 분수를 넘어 사사로이 쓰면 안 된다. 군중에 부획俘獲한 물건은 숨기지 말고 백성에게 나누어주고 마땅히 의리를 중히 여기고 재물을 가볍게 생각함이 옳다. 너희들 8쿠사는 나를 계승한 뒤에 법도를 엄하게 하고 신상필벌을 해야 한다.

청 태조 누르하치는 군주의 독재를 두려워하여 과두제를 희망했으나 절박한 현실은 그러한 이상론을 허용하지 않았다. 명나라와의 총력전을 펴야 하는 상황에서 강력한 중앙 집중 권력의 출현이 절실히 요구되었다. 뒤를 이은 청 태종 홍타이지가 그 과제를 수행하였다.

한 제국의 성립

BC.210년 10월 새해가 시작되자 시황제는 다섯 번 째 순행에 나섰다. 진 제국에서는 음력 10월이 세수歲首(새 해의 시작)였다. 승상 이사, 중거부령中車府令(황제의 수례를 관리하는 관직)인 조고趙高, 시황제가 아끼는 막내아들 영호해嬴胡亥가 수행했다. 조고는 부새령符璽令(황제의 옥새를 관리하는 벼슬)도 겸임했다.

시황제는 회계산會稽山에 올라 자신의 업적을 새긴 각석문刻石文을 남겼다. 현재 산동 반도에 있는 평원진平原津에 이르러 시황제는 앓아 누웠다. 죽음이 임박하자 시황제는 북변에 머물고 있는 태자 영부소에게 보낼 새서璽書(옥새로 봉인한 칙서)를 썼다. 돌아와 장례를 치르고 수도 함양에 안장하라는 내용이었다. 새서가 발송되지 않은 상태에서 시황제가 사망했는데, 이때 그의 나이 50세였다. 뚜렷한 병명이 전해지지 않는 것으로 보아 과로사였던 것 같다.

승상 이사는 천하에 변란이 일어날 것을 우려해 시황제의 죽음을 비밀에 부치고 함양으로 시황제의 시신을 옮겼다. 새서와 옥새를 보관하고 있던 조고는 호해와 이사를 설득해 새서를 위조했다. 내용은 태자 부소와 장군 몽염을 죽이고 호해를 태자로 삼으라는 것이었다. 부소는 유가를 중시하는 입장이어서 그의 즉위는 이사에게 불리할 것이었다. 조고는 호해와 밀착했으므로 호해가 황제가 되면 조고의 위상은 높아질 것이었다. 이사, 조고, 호해의 이해관계가 일치되어 이런 음모가 꾸며졌다. 이 음모는 성공했다. 북방 전선에 있던 부소와 몽염은 자결하고 호해가 2세 황제가 되었다.

영호해는 시황제를 여산릉驪山陵에 장사지내고 조고를 낭중령郎中令(낭관의 장관)에 임명했다. 영호해는 새 황제의 위용을 과시하려 전국을 순행하고 돌아와서는 이복형제와 자매를 살육했다.

여산릉 공사를 마무리한 호해는 미완성인 아방궁阿房宮 공사를 재개했다. 아방궁 공사는 시황제 35년(BC.212)에 시작되었다. 이 대토목공사에 인원을 동원하기 위해서 막대한 식량이 필요하여 전국의 군현에 곡물 수송을 명했다. 호해가 제위에 오른 이듬해인 BC.209년 7월 빈농 출신인 진승陳勝과 오광吳廣이 거병했다. 진승은 오광과 함께 병사로 징발되어 북쪽 변방을 수비하러 900명과 더불어 길을 떠났다. 대택향大澤鄉(안휘성 숙현宿縣 인근)에 이르렀을 때 큰 비를 만나 도로가 막혔다. 진나라의 가혹한 법령에 따르면 기일 안에 도착하지 못하면 참수형에 처해졌으므로 무리가 모두 동요했다. 이에 진승은 자신을 시황제의 태자 부소, 오광은 초나라 장군 항연項燕이라 속이고 군중을 선동해 인솔 책임자를 죽이고 거병했다.

900명의 반란군은 무기가 없어 나무로 창을 만들었다. 대택향을 습격해 병기를 얻고 이어 주변의 여러 현을 공략했다. 초나라의 수도였던 진陳(현재의 하남성 회양현 부근) 지역에 이르렀을 때 진승의 무리는 전차戰車 600~700승, 기마騎馬 1천여 필, 병사 수만 명의 대부대가 되었다. 진승은 왕위에 올라 국호를 장초張楚라 하였다. 반란을 일으킨 지 2개월 만의 일이었다. 진승이 왕이 되자 노魯 지역의 유생들은 그에게 귀의했다. 그 가운데 한 사람이 공자의 8세손 공갑孔甲이었다.

진승의 반란 소식이 전해지자 2세 황제 호해는 박사와 여러 유생들을 불러 물었다.

초나라에서 수戍자리 서던 병사들이 기蘄를 공격하고 진陳에 이르렀다 하니 여러분들은 어떻게 생각하오?

박사와 유생 30여 명이 나서서 말했다.

신하된 자가 역란逆亂을 일으켜서는 아니 됩니다. 역란은 곧 반란이니 죽어 마땅한 죄로 용서해서는 아니 됩니다. 폐하께서는 급히 군사를 내어 그들을 치소서.

이 말에 호해의 안색이 변했다. 이에 유사儒士 숙손통叔孫通이 나아가 호해를 달랬다.

여러 유생의 말은 틀린 것입니다. 무릇 천하가 통일되어 각 군현의 성을 허물었고 무기를 녹여 다시는 사용하지 않겠다는 뜻을 천하에 보였습니다. 위로는 영명하신 황제가 계시고 아래로는 법령이 구비되어 사람들은 각자 본업에 충실하고 사방에서 모이고 있는데, 어디서 감히 반란을 일으키는 자가 있겠습니까? 저들은 군도群盜로 곡식을 훔치는 쥐나 물건을 물어가는 개일 따름입니다. 무슨 입에 담을 가치가 있겠습니까? 군수郡守와 군위郡尉들이 그들을 잡아들여 죄를 다스리고 있으니 걱정할 필요가 있겠습니까?

숙손통의 말에 호해는 기뻐했다. 호해는 다른 유생에게 일일이 물었는데 반란을 일으킨 것이라 규정한 자는 모두 처벌했다. 그리고 숙손통을 박사로 임명하고 비단 20필을 상으로 주었다. 숙손통은 아첨했다고 비난하는 유생들에게 "여러분은 모르오. 나는 하마터면 호랑이 입을 벗어나지 못할 뻔했소"라고 말하고 고향인 설薛 지방으로 피신했다.

호해가 진승의 봉기를 반란으로 보느냐 군도로 보느냐에 민감한 반응을 보인 것은 이유가 있었다. 군도는 굶주린 농민이 집단으로 식량을 약탈하는 것으로 식량 획득이 목표이지 결코 권력 쟁취가 목적이 아니다. 군도는 아무리 그 수가 많아도 기존 권력에 위협을 주지 못한다. 이에 비해 반란은 새로운 왕조 수립을 목표로 하는 나름대로 엄한 규율과 이데올로기를 가진 집단이 일으키는 것이다. 진승 집단의 성격에 대한 유생들의 규정에 호해가 현실 도피적이고 자기기만적인 반응을 보인 것은 그만큼 자신이 없었기 때문이다.

진승이 왕조를 세웠다는 소식에 전국 곳곳에서 반란이 일어났다. 진에 멸망당한 6국의 옛 왕족과 귀족들이 자립했다. 농민 출신인 유방劉邦과 초나라 귀족 출신인 항우項羽도 이때 거병했다.

승상 이사는 호해에게 뛰어난 군주는 감독과 책임을 다해야 천하를 안정시킬 수 있다고 간언했다. 그러나 호해는 이사의 아들 이유李由가 군수로 있는 삼천군三川郡에 반란군이 활동하고 있다는 이유로 반란군과의 내통을 의심했다. 음모를 통해 황제가 된 호해는 오직 조고만을 믿었다. 조고의 모함에 호해는 결국 이사와 그 삼족을 모두 처형했다. 2세 황제 2년(BC.208) 7월의 일이었다. ─ 법가로 고관대작이 된 자들은 오기·상앙·이사 등의 경우에서 보듯이 말로가 좋지 않았다.

조고가 이사를 대신해서 승상이 됨에 따라 반란군을 진압하던 진의 장수들도 잇달아 반란군에 투항했다. 반란 진압 실패의 책임을 추궁당할까 두려워한 조고는 2세 황제 3년(BC.207) 8월 호해를 암살했다. 그리고 부소의 아들 영영嬴嬰을 새로운 군주로 추대했다. 이미 옛 진나라 영토를 제외하고는 모두 반란 세력이 장악한 상태였으므로 군주의 칭호는 왕으로 했다. 진왕 영영은 즉시 조고와 그 일족을 주살했다. 그러나 이듬해인 BC.206년 10월 유방이 10만 군사를 이끌고 관중關中 지방에 들어오자 함벽여츤銜璧輿櫬 형식으로 항복했다.

함벽여츤이란 항복한 군주가 손을 뒤로 결박 짓고 구슬을 입에 물며 관棺을 짊어지고 가는 항복 의식을 말한다. 구슬은 진공進貢을 뜻하고 관을 짊어지고 가는 것은 승자가 죽여도 이의가 없다는 의사표시이다. 한마디로 무조건 항복을 말한다.

6국을 차례로 멸할 정도로 압도적인 무력을 자랑하던 진이 군사훈련도 제대로 받지 않아 전투력이 취약한 농민반란군에 이처럼 무기력하게 굴복한 것은 진의 백성이 더 이상 법가 체제의 존속을 바라지 않았기 때문이었다. 다시 말해 수용소의 포로처럼 사는 삶을 더 이상 원하지 않던 진의 백성이 국가의 존속을 바라지 않은 것이었다.

이상적인 법가 국가였던 진의 멸망은 법가의 인간관을 살펴보면 필연이라는 것을 알 수 있다. 『한비자』의 한 편장인 「외저설」에는 강태공의 일화가 나오는데 법가의 인간관을 잘 보여준다.

> 태공망이 동쪽의 제나라에 (제후로) 봉해졌는데, 제나라 동쪽 해변에 광률狂矞과 화사華士라는 형제 거사居士가 살고 있었다. 이들은 이러한 뜻을 가지고 있었다.
>
> "우리는 천자의 신하가 되지 않으며 제후의 벗도 되지 않으며 스스로 농사지어 먹고 살고 스스로 우물을 파서 물을 마시며 다른 사람의 도움을 얻으려 하지 않으며 군주가 주는 명예나 녹봉도 없이 벼슬하지 않고 노동하여 산다."
>
> 태공망은 (제의 수도인) 영구營丘에 도착하자 그 두 사람을 잡아 죽이게 하여 처형의 본보기로 삼았다.
>
> 주공 단旦이 그 소식을 듣고 급히 사람을 보내어 물었다.
>
> "그 두 사람은 현자입니다. 그런데 부임하자마자 현자를 죽이니 무슨 까닭입니까?"
>
> 태공망이 대답했다.

"(······) 그들이 천자의 신하가 될 수 없으니 나도 그들을 신하로 둘 수 없고 제후의 벗이 될 수 없으니 나도 그들을 부릴 수 없습니다. 스스로 농사지어 먹고 살고 스스로 우물을 파서 물을 먹으며 다른 사람의 도움을 얻으려 하지 않으니 나도 그들을 상벌로 격려하거나 막을 수 없습니다. 여기에다 군주로부터 명예를 얻으려 하지 않으니 비록 지식인이라 해도 나에게는 쓸모가 없고, 군주의 녹봉을 받지 않으니 현자라 해도 나에게 협조하지 않을 것입니다. 벼슬하지 않으니 다스릴 수 없고 직무를 맡으려 하지 않으니 이는 불충입니다. **게다가 선왕**先王**의 신하와 백성을 부리는 수단은 작위와 봉록이 아니면 형과 벌입니다. 그런데 그 네 가지도 그들을 부리기에 부족하다면 나는 누구의 군주가 되어야 합니까?** (······) 그들은 스스로 세상의 현자라고 말하나 군주에게 쓸모가 없습니다. 아무리 현명하다 해도 군주에게 쓸모가 없으면 현명한 군주는 그들을 신하로 삼지 않을 것입니다. 이것은 (말을 듣지 않는) 기驥(천리마)를 부릴 수 없는 것과 마찬가지입니다. 이러니 그들을 죽인 것입니다."

이 사건의 본질은 강태공이 제 지역의 저명한 지식인 두 사람을 위험한 반체제 인사라 판단하여 죽인 것이다. 강태공의 변론은 그의 말이 아니라 법가의 말이다. 아무리 재능이 있는 자라도 권력이 이용할 수 없다면 법가가 보기에는 사형에 처할 만한 죄이다. — 권력이 인재를 유인하는 수단은 본질적으로 당근과 채찍, 즉 이익과 처벌이다. 이것이 통하지 않는 사람은 나쁘게 보면 목석이지 생물체가 아니다. 인적 자원과 물적 자원을 가장 효율적으로 총동원하려는 법가의 이상을 잘 드러낸 일화이다.

인적 자원과 물적 자원의 양과 질이 다른 나라와 비슷한 나라라도 법가식 개혁에 성공하면 월등한 강국이 될 수 있다. 역사상 약소국이었다가 강대국이 된 나라는 동서양을 막론하고 대개 법가식 개혁에 성공했다. 프로이센, 러시아, 일본이 대표적인 예이다. 그러나 인간을 수단화하는 이러한 사상 체계는 시간이 지나면 지배층의 판단력을 흐리게 만들고 지식인을 이반시킨다.

법가식 개혁의 목표는 부국강병이지 민의 행복이 아니다. 더 정확히 말해 부국강병을 통한 정복전의 승리로 더 많은 영토와 자원을 획득해 지배층의 이익을 늘리는 것이다. 이 때문에 법가식 개혁에 성공한 국가는 계속 팽창 정책을 추구하다가 더 강한 상대를 만나 처참히 멸망하는 경우가 많았다. 나치와 일본 제국주의의 멸망이 좋은 예이다. 이런 국가와 전쟁하는 나라는 미래 전쟁의 싹을 자르기 위해 가혹한 항복 요구를 하게 마련이다. 미국이 나치 독일과 일본에 전쟁할 능력을 원천 박탈하기 위해 서양 역사상 유래가 없는 '무조건 항복unconditional surrender'을 요구한 것도 이해가 가는 일이다.

법가식 개혁에 성공한 국가가 체질 개선을 하지 않은 채 팽창을 중지하면 모든 민이 권력을 저주하게 된다. 한창 팽창할 때는 무공 등에 의한 포상이 있으나 팽창이 멈추면 오직 감시와 처벌만 있어 나라가 '생지옥'이 되기 때문이다. 중국을 통일해 더 이상 팽창할 수 없었던 진 제국은 상하를 막론하고 체제로부터 이반해 결국 자멸했다. 20세기에 러시아와 동유럽에 출현한 이른바 '공산주의 체제'도 억압적인 근대적 법가 체제라 할 수 있다. 이는 서양 문명의 역사에서 보아 매우 이질적인 것으로 일부 트로츠키주의자들이 규정한 것처럼 '국가자본주의'라 할 수도 있다. 국가와 자본주의의 부정적 측면만 잔뜩 가지고 있던 이 체제는 민심이 이반해 자멸했다. 국가가 바람직하게 유지되려면 올바른 사상이 있어야 함을 진나라와 공산주의 체제의 멸망에서 잘 알아볼 수 있다.

유방은 함양으로 들어가 궁실과 재물이 가득한 창고를 봉인하고 항우를 기다렸다. 유방은 엄혹한 진나라의 번잡한 법률을 폐지하고 사람을 죽인 경우, 상해를 입힌 경우, 절도한 경우 등 3가지만 처벌한다는 법삼장法三章을 선언했다. 이에 진의 백성은 유방을 해방자로 여겼다. 한 달여가 지나 항우가 40만 대군을 이끌고 진의 수도 함양에 들어왔다. 항우는 항복한 진왕 영영과 진의 왕족을 모두 죽이고 아방궁을 비롯한 궁실도 모두 불태웠다. 항우는 이미 투항한 진 병사 20만을 생매장하여 몰살, 진나라 민중의 원한을 샀는데, 진 영토에 진입해서도 정복자 노릇을 했다. 이는 스스로 무덤을 판 행위였다.

진 멸망 후 실력자 항우가 새로이 세력 판도를 정했다. 거병 시 추대한 초 회왕懷王을 의제義帝라 하고 스스로 서초西楚 패왕霸王이라 칭했다. 그리고 옛 6국의 왕족, 진의 투항 장군, 공을 세운 장군들 18인을 왕으로 봉했다. 유방은 한왕漢王에 봉해졌다. 한漢은 현재의 섬서성 남부 지역이다.

BC.205년부터 유방과 항우의 쟁패가 시작되었다. 초기에는 항우가 압도적으로 우세했으나 난폭한 정치로 민심을 잃어만 갔다. BC.202년 유방이 해하垓下(현재 안휘성 사현泗縣의 서쪽) 전투에서 항우를 패사시키고 중국을 통일했다.

유방은 뭇 신하와 여러 왕의 추대를 받아 황제 자리에 올랐다. 그의 묘호는 고조高祖이다.

한 고조 유방은 이듬해 공신에 대한 논공행상을 했다. 모두 143명이 열후列侯에 봉해졌다. 열후는 20등급으로 이루어진 한나라의 작위爵位 제도에서 최상위이다. 열후는 봉읍封邑을 부여받고 그 작위를 세습할 수 있었다. 봉읍은 현縣을 단위로 했는데, 현이 봉읍이 되면 현이 아니라 국國으로 불렀다. 열후의 명칭은 그 봉읍의 이름을 따서 불렀다. 예를 들면 찬현酇縣을 봉읍으로 받은 소하蕭何는 찬후酇侯라 했다. 열후는 그 봉읍에서 징수되는 조세를 수입으로 했다.

유방의 근친과 공신 가운데 특히 공적이 큰 사람은 열후보다 높은 제후왕으로 임명되었다.

유방은 형인 유희劉喜를 대왕代王으로, 배다른 아우인 유교劉交를 초왕楚王으로 봉건했다. 나중에는 자신의 아들들을 각지의 왕으로 봉건했다.

제후왕의 봉토는 열후보다 커서 몇 개의 군郡이었다. 그리고 제후왕의 봉토는 초국楚國·대국代國·제국齊國 등 국이라고 불렀다. 이는 열후와 같은데, 제후왕이 국의 통치권을 장악해 중앙정부와 비슷한 관료 기구를 두고 관료를 임명했다. 열후는 대부분 봉읍이 아닌 수도 장안에 거주한데 비해 제후왕은 국에 거주해 거의 독립국의 성격을 띠었다.

한나라 초의 국가 구조를 군현제郡縣制가 아닌 군국제郡國制라 부르는 것은 황제 직할의 군현 이외에 광대한 독립적 왕국이 다수 있었기 때문이다. 한 제국 내 왕국의 면적을 모두 합치면 30여 군에 이르렀는데, 이는 황제 직할의 군이 15개인 것에 비해 훨씬 큰 것이었다. 군현제가 아닌 군국제를 실시한 것은 당시 황제권이 그다지 강력하지 못한 때문이었다. 그러나 제국 내의 여러 왕국이 독립적 성격을 유지하는 것은 부담이 되었으므로 한 고조 유방은 성이 다른 제후왕을 반란죄로 제거했다.

BC.198년 조왕趙王 조오趙敖가 죄를 짓자 열후로 낮추었고 BC.196년에는 양왕梁王 팽월彭越을 모반을 구실로 종족 모두를 베어 죽였다. 이에 회남왕淮南王 영포英布가 반란을 일으키니 유방이 친히 토벌해 죽였다. 유방은 이때 활에 맞아 입은 부상으로 BC.195년 사망했다.

한 고조 유방은 처음 유가를 대수롭지 않게 여겼으나 황제 지배 체제를 유지하는 데 필수불가결한 존재임을 곧 인식했다. 진을 떠난 숙손통은 항우를 섬기게 되었는데, BC.205년 한왕 유방이 항우의 도읍 팽성彭城을 점령한 이후 박사가 되어 유방을 섬겼다.

숙손통을 따르는 제자가 100명이 넘었는데 제자들을 벼슬자리에 천거하지 않고 산적 출신 가운데 장사壯士만 유방에게 추천했다. 제자들이 불평하자 숙손통은 다음과 같이 설득했다.

한왕漢王은 지금 화살과 돌을 무릅쓰고 천하를 다투고 있는데, 그대들은 싸울 수 있는가? 그래서 우선 적장을 베고 적의 깃발을 빼앗을 수 있는 사람을 천거한 것이다. 그대들은 잠시 기다리라. 내 그대들을 잊지 않을 것이니.

통일 후 숙손통이 조정의 의례를 제정했는데 농민 출신인 유방은 번거롭다며 간편하게 고쳤다. 젊은 시절 동네 건달이었던 유방은 생리적으로 번잡한 예의범절을 중시하는 유가를 싫어했다. 그러나 의례는 군신 간의 구분을 엄격히 하는 데 필수불가결한 것인데 유방은 이를 몰랐다. 공신과의 술자리가 산적 노릇하던 때와 비슷하게 언제나 위아래도 없는 난장판으로 끝나니 유방은 근심했다.

유방과 숙손통은 군신 간의 상하 구분을 엄격히 하려 의례 제정을 논의했다.

숙손통 : 대저 유자儒者들은 함께 천하를 진취하기는 어렵지만 수성守成하기에는 적합합니다. 노나라의 유생들을 불러 신의 제자들과 함께 조정의 의례를 정하게 해주십시오.

유방 : 어렵지 않겠소?

숙손통 : 오제五帝는 음악을 달리하였고 삼왕三王(하 우왕, 은 탕왕, 주 무왕)은 예법을 달리하였습니다. 예법은 시대와 인정에 따라 간략하게도, 꾸미기도 하는 것입니다. 그러므로 (공자께서) 하, 은, 주의 예는 이전의 예를 따르면서 줄이고 보충한 것임을 알 수 있다고 한 것은 고금의 예법이 서로 중복되지 않았음을 말하는 것입니다. 원컨대 고대의 예와

진나라의 의법儀法을 합하여 한나라의 예를 만들고자 합니다.

　유방 : 시험 삼아 만들어보시오. 그러나 사람들이 이해하기 쉽게 하고, 내가 실행할 수 있도록 염두하고 만드시오.

숙손통은 스스로 모집한 유생 30여 명, 제자 100여 명과 더불어 한 달여 동안 예식을 강습했다. 유방은 뭇 신하들에게 예식을 익히도록 했다. BC.200년 장락궁長樂宮에서 열린 신년 조회에서 백관이 유방에게 하례했는데 모두가 엄숙하게 예를 지켰다. 법주法酒(조정의 정식 연회)에서도 예를 어기는 신하가 없었다. 이에 유방은 "나는 오늘에야 비로소 황제가 존귀함을 알았다"고 감탄했다. 유방은 숙손통을 봉상奉常(종묘의 례를 관장하는 벼슬)에 임명했다.

　유방 정권은 핵심 인사들의 출신이나 경력으로 볼 때 인류 역사상 최초의 '프롤레타리아 정권'이라 할 수 있다. 한 제국 이후 중국은 주기적으로 분열과 통일을 반복했는데, 프롤레타리아 속성을 지닌 창업 군주에 의한 중국 통일은 흔한 일이었다. 프롤레타리아적 성격을 빨리 벗어나야 정권의 장기 존속이 가능한데 제자백가 가운데 이 일을 할 수 있는 능력을 보유한 학파는 유가가 유일했다. 중국사에서 이를 이해하지 못한 권력은 단명했다. 유가가 전근대 중국 사회에서 2천 년간 사회의 지도 원리로 군림한 데에는 그만한 이유가 있었던 것이다. 변형된 형태의 왕조인 중국공산당도 요즈음은 이를 이해해 공자 추앙에 열성이다.

　사람은 그 속성상 품위 없는 자의 지배를 거부한다. 참기 어려운 모욕과 수치심을 느끼기 때문이다. 전두환 정권은 프롤레타리아적 성격을 탈피하지 못해 단명했다. — 전두환은 1988년 11월 백담사로 귀양 가면서 발표한 대국민 사과 성명에서 자신이 어렸을 때에 '움막집 아이'로 불렸다고 말해 프롤레타리아 출신임을 고백했다. 전두환 정권이 정권의 성패 평가 기준 가운데 가장 중요한 경제적 업적을 성취했음에도 국민은 전면적으로 거부했는데, 사람은 경제적 형편이 나아지면 품위를 더욱 중시하게 되기 때문이다. 품위는 속된 말로 '싸가지'라고도 한다. 아무리 교양하고 불구대천지원수 사이라 해도 1년 365일 하루도 빠지지 않고 TV에 나와 부지런히 불상놈 티를 내니 국민의 인내심도 한계에 이르렀다.

품위와 교양의 표현인 에티켓을 중시하지 않는 인간 사회는 없는데, 특히 지배층과 상류층이 중요시한다. 지배층이 품위와 교양이 있어야 민이 자발적으로 따르기 때문이다. 민주주의를 내거는 사회에서도 정권이 품위가 있어야 국민이 순응하며 상류층도 품위가 있어야 진정한 상류층으로 인정받는다. 한국 재벌의 품격이나 행태를 보면 한국 자본주의는 '프롤레타리아(천민) 자본주의' 성격을 벗어나지 못했음이 역력히 드러난다. 프롤레타리아 자본주의에서 벗어나려고 재벌이 성균관을 찾아가 유교적 교양을 익힐 수는 없는 일이고, 현대사회에 적합한 서양 인문학의 가치를 제대로 알아야 하는데 요즈음의 이른바 '인문학 열풍'은 인문학을 가장한 상업주의에 불과하다. — 서양의 인문학은 법가적 풍토가 만연한 한국에 들어오면 제왕학으로 변질되기 일쑤이다.

정의를 구현하려는 서양의 법학은 들어오자마자 어용 학문, 즉 제왕학이 되었다. 서양 인문학 가운데 문학이나 사학 등 제왕학으로 변신하기 어려운 것은 소외될 수밖에 없어 존립이 위협받고 있다. 문학이 '용비어천가'가 되면 이미 학문이 아니니 그리될 수는 없는 일이다. 한국 자본주의의 전성시대가 얼마나 오래갈 지는 알 수 없는 일이다.

한 고조 유방에게는 서장자 제왕齊王 유비劉肥, 적장자 태자 유영劉盈, 3자 조왕趙王 유여의劉如意, 4자 대왕代王 유항劉恒, 5자 양왕梁王 유회劉恢, 6자 회양왕淮陽王 유우劉友, 7자 회남왕淮南王 유장劉長, 8자 연왕燕王 유건劉建 등 아들이 여덟 있었는데, 황후 여치呂雉가 낳은 아들은 태자 유영이 유일했다. 유영은 사람됨이 어질고 유약해 유방은 사직을 지키지 못할까 우려했다. 유방은 자신과 닮은 척희戚姬 소생의 조왕 유여의를 태자로 세우려 했다.

대신들이 만류했으나 유방은 늘 태자를 교체하려는 마음을 품었다. 이에 여 황후는 장량張良과 상의했다. 장량은 천하의 명사 4인, 즉 동원공東園公, 녹리선생甪里先生, 기리계綺里季, 하황공夏黃公을 태자의 빈객으로 맞이하라고 권했다. 일찍이 유방은 이 명사 4인에게 높은 벼슬을 주려 했으나 이들은 거부하고 은거했다. 여 황후는 태자의 친필 편지를 보내는 등 극진한 예를 베풀어 이들을 태자의 빈객으로 끌어들였다.

회남왕 영포의 반란을 진압하고 돌아온 유방은 건강이 나쁜데다가 부상마저 입어 오래 살지 못할 줄 알고 태자를 교체하려 했다. 장량의 만류에도 듣지 않았다. 이에 태자태부太子太傅(태자의 스승) 숙손통이 나서서 강력 반대했다.

숙손통 : 옛날에 진晉의 헌공獻公이 총애하던 여희驪姬 때문에 태자를 폐하고 해제奚齊를 태자로 세웠습니다. 이 때문에 진나라는 수십 년 동안 혼란스러웠으며 천하의 웃음거리가 되었습니다. 진秦은 부소를 일찍이 태자로 정하지 않았기 때문에 조고로 하여금 황제의 명을 사칭하여 호해를 태자로 세우게끔 하였습니다. 이 때문에 스스로 선조의 제사를 끊어지게 하였으니, 이는 폐하께서 친히 보신 일입니다.

지금 태자께서 어실고 효성스러움을 천하 사람들이 다 알고 있습니다. 그리고 여후께서는 폐하와 함께 보잘것없는 음식을 드시며 고생하셨는데, 어찌 저버릴 수 있겠습니까? 만약 폐하께서 굳이 적자를 폐하고 어린 여의를 세우려 하신다면 신은 먼저 죽음을 청하여 저의 목에서 나오는 피로 이 땅을 더럽히겠습니다.

유방 : 공은 그만하시오. 내가 농담한 것뿐이오.

숙손통 : 태자는 천하의 근본으로 근본이 한 번 흔들리면 천하가 진동합니다. 그런데 어떻게 천하의 큰일을 가지고 농담하실 수 있습니까?

유방 : 나는 공의 말을 따르겠소.

그래도 유방은 태자를 교체하려는 마음을 버리지 않았다. 주연酒宴에서 태자를 시종하는 4인이 나이가 80이 넘어 백발에 눈썹마저 희었는데 의관衣冠이 몹시 위엄이 있었다. 유방이 괴이하게 여겨 "그대들은 무엇하는 사람들이오?"라고 물으니 4인이 성명을 밝혔다. 유방이 크게 놀라 물었다.

내가 공들을 여러 해 동안 보려 했는데, 공들은 나를 피해 모습을 감추었소. 지금 공들은 어찌하여 스스로 내 아이를 따라 교류하는 거요?

명사 4인이 대답했다.

폐하께서는 선비(유가 지식인)를 가벼이 여기고 꾸짖기를 잘 해 신들은 의를 지키는 자로서 모욕을 받을 수 없다고 여겨 은거한 것입니다. 태자께서 어질고 효성이 깊으며 선비를 공경하고 아껴 천하 사람들이 태자를 위해서라면 죽어도 좋다고 하지 않는 사람이 없다고 들어 신들이 온 것입니다.

현명한 유방은 숙손통을 통해 유가의 지지 없이는 권력 유지가 불가능하다는 것과 품위의 중요성을 깨달았다. 품격의 대명사인 이름난 유가 4인이 태자를 따르는 것을 보고 유방은 마음을 바꾸었다. 그는 척부인에게 말했다.

내 태자를 바꾸려 했으나 저 네 사람이 태자를 보필하고 있구려. 날개가 이미 충분히 자란 것이니 움직이기 어렵소. 여씨의 아들이 임금이 될 수밖에 없소.

관중關中

중국 섬서성陝西省 위수渭水 평원 일대의 지역이다. 동쪽의 함관函關(함곡관)과 서쪽의 농관隴關 사이에 있다. 동쪽은 함관, 남쪽은 무관武關, 서쪽은 산관散關, 북쪽은 소관蕭關으로 통하는 지역이기 때문에 이러한 지명이 됐다. 관내關内, 관서關西라고도 한다.

군사적 요충지일 뿐 아니라 서쪽으로는 실크로드와 연결되고 남으로는 촉 지방에 이르는 교통의 요지이기도 하다. 진·한·수·당의 도읍지인 장안長安이 관중의 중심에 있는 오늘날의 서안西安이다. 진·한 시대에는 수리 관개시설이 발달하고 경제의 요지여서 금성천리金城千里, 천부지국天府之國으로도 불렸다.

군주의 호칭

군주를 태조, 태종 등으로 부르는 것은 중국에서 유래했다. 이를 묘호廟號라 한다. 묘호는 한 왕조의 시조와 조상을 모시는 조묘祖廟의 제사 절차에 맞추어 군주 사후에 그 자손이 붙여주는 존호尊號이다. 구체적으로 그 신위神位를 모시는 종묘의 각 현실玄室에 붙이는 이름으로 생전의 업적을 고려해 짓는다.

묘제廟制의 이론은 매우 복잡해 이론이 많은데, 일반적으로 황제는 7묘를 두게 되어 있다.

사마천의 『사기』에 따르면 묘호는 은 왕조 때 태종太宗, 중종中宗, 고종高宗 등이 있었다고 하나 한나라에 와서 창업주 유방이 죽은 후 숙손통의 건의에 따라 태조太祖로 정한 것이 확실한 사례다.

'조祖'는 창업주에게 붙이는 것이 원칙이고, 그 후의 군주에게는 '종宗'을 붙인다. 업적이 뛰어나면 태太, 세世, 성成 자 등을 써서 태종, 세종, 성종 등으로 짓는다. 그러므로 어느 왕조이든 묘호가 이러하면 상당한 업적을 쌓은 군주라 여겨도 무난하다.

그러나 창업주가 아니라도 창업 못지않은 큰 공을 세웠을 때는 조호祖號를 쓸 수 있다. 이미 망한 한나라를 부흥한 후한의 광무제의 묘호는 세조世祖이며, 남송을 멸해 전 중국을 정복한 원나라의 쿠빌라이도 새 왕조 창건이나 다름없다고 해서 사후에 세조라 묘호를 지었다.

조선왕조를 보면 태조 이성계를 제외하고도 세조, 선조, 인조 등 조호가 붙는 왕이 6명이다. 이는 실제로 공적이 큰 탓이 아니라 오히려 억지 해석을 한 탓이다. 즉 선조는 임진왜란으로 나라가 망할 지경인데 살려냈고, 인조 역시 병자호란의 위기 속에서도 사직을 지켰기 때문에 큰 공로라고 해서 사후에 지은 것이다.

왕조마다 태조, 태종 등이 있으므로 구별하기 위해 나라 이름을 앞에 붙여 송 태조, 명 태조, 당 태종 등으로 부른다.

황제를 호칭할 때 묘호로 하는 것이 일반화된 것은 당 왕조 이후다. 그전까지는 시호諡號로 불렀다. 시호는 생전 통치의 성격이나 업적을 평가해 사후에 붙이는 것으로 무제武帝니 문제文帝니 하는 것이 그것이다. 시호는 군주 외에 신하에게도 공적을 기려 준다. 충무공忠武公, 문충공文忠公 등은 널리 알려진 시호다.

당 왕조부터는 모든 황제가 묘호, 즉 조나 종이 붙은 칭호를 갖고 있지만 당 이전에는 특정한 황제에게만 묘호를 붙였다. 이에 비해 시호는 누구나 가졌다. 왕조의 마지막 군주는 자손이 더 이상 군주가 아니므로 묘호가 없고 시호만 있다. 마지막 군주의 시호는 보통 바칠 헌獻, 끝 말末, 공손할 공恭, 슬플 애哀 자 등을 써서 헌제獻帝, 말제末帝, 공제恭帝, 애제哀帝 등으로 지었다.

한 무제의 이름은 유철劉徹인데 흉노를 정벌하고 베트남과 조선을 멸하는 등 무위를 떨쳤으므로 사후에 무제라 시호를 지은 것이다 ─ 한 무제의 묘호는 세종이다. 사실상 위魏를 건국한 조조의 시호도 무제다. 시호도 동일한 것이 많으므로 구별하기 위해 나라 이름을 붙여 한 무제, 위 무제 등으로 부른다.

명나라 건국 후로는 군주의 연호年號를 재위 시에 하나만 정하고 바꾸지 않는 1세1원 제도가 확립됐다. 이에 따라 '연호 + 제'라 호칭하게 됐다. 예를 들면 명 태조 주원장의 연호는 홍무洪武였으므로 그를 흔히 홍무제洪武帝라 부른다.

이렇게 보면 사후에 군주는 생전의 이름과 묘호, 시호, 연호명 등 4가지 이름을 갖는 것이다.

이외에 군주였다 하더라도 정통성을 부인해 칭호를 붙이는 경우가 있다. 여진족이 세운 금 왕조의 4대 군주인 해릉왕은 3대 희종熙宗을 시해하고 집권한데다 정변으로 죽음을 당했다. 이어 즉위한 세종은 그를 황제가 아닌 찬탈자로 보아 시호를 해릉왕으로 지었다. 조선의 연산군과 광해군도 폐위되어 정통성을 인정받지 못했으므로 왕자 시절의 칭호인 연산군, 광해군이라 일컫고 그들의 치세를 다룬 역사 기록도 '실록'이라 하지 않고 '일기日記'라 하여 『연산군일기』, 『광해군일기』라 부른다.

삼국시대에는 중국식 묘호를 도입하지 않았다. 삼국의 군주 가운데 묘호가 있는 이는 김춘추뿐이다. 고려왕조에서 중국식 묘호를 본격 도입했다. 본래 묘호는 황제만 쓸 수 있는 것이나 황제국 체제를 갖추었던 고려는 물론, 제후국을 자처한 조선도 모두 묘호를 지었다.

한 제국의 관제

중앙정부의 최고위 관직은 승상丞相이었다. 승상은 행정의 최고 책임자이며 황제의 명에 따라 조의朝議(조정의 회의)를 주관하고 황제의 정책 결정을 보좌했다. 진나라에서 승상은 좌승상, 우승상 2명이 있었으나 한나라에서는 대체로 1명이었다. 승상의 집무 관청이 승상부丞相府인데 승상부에 근무하는 관원은 한 무제 대에 이르면 382명이나 되었다. 승상은 나중에 대사도大司徒로 명칭이 바뀌었다.

승상 다음으로 높은 관직은 어사대부御史大夫였다. 어사대부는 자신의 소속 관청인 어사부御使府를 통할해서 정무를 집행할 안을 작성해 황제에게 상주上奏하고 황제가 결정한 정책을 승상에게 전달했다. 어사대부의 속관屬官인 어사중승御使中丞은 관료를 감찰했다. 어사대부는 나중에 이름이 대사공大司空으로 변경되었다.

태위太衛는 제국의 군사를 관장했다. 나중에 폐지되고 신설된 대사마大司馬가 태위 역할을 했다.

치속내사治粟內史는 국가재정을 담당했는데 나중에 명칭이 대사농大司農이 되었다.

낭중령郎中令은 황제를 경호하고 낭관郎官을 통솔했다. 낭중령은 한 무제 대에 광록훈光祿勳으로 명칭이 바뀌었다.

위위衛尉는 궁성 경비를 담당하는 남군南軍을 통솔했다.

중위中尉는 도성을 수비하는 북군北軍을 통솔했다.

이외에 황제의 사적 생활을 위하거나 황실에 봉사하는 정부 기구가 있었다.

소부小府는 황실재정을 담당했고, 태복太僕은 황제의 마차와 말을 관리했다. 장작소부將作小府는 궁궐이나 황제의 능 조성을 담당했다.

지방행정을 보면 제후국과 열후의 봉읍을 제외한 지역에 군현제를 시행했다. 전국시대에 각국은 행정구역으로 군과 현을 설치했다. 광역 행정구역인 군 아래에 여러 개의 현을 두었다. 한의 군현제는 진 제국과 같으니 군의 장관은 수守였고 현의 장관은 령令(큰 현의 장관) 또는 장長(작은 현의 장관)이었다. 한 경제景帝 때 수는 태수太守로 이름을 바꾸었다.

군은 중앙정부의 영슈을 하달하고 현의 사정을 중앙정부에 보고한다. 군은 직접 민정에 관여하지 않으며 행정명령을 통해 현을 지휘 감독할 뿐이다.

현이 인민을 직접 통치했다. 현은 관내 조세와 요역徭役의 징수 징발, 치안 유지, 소송 해결, 주민 교화, 재해 예방 대책 등을 관장했다. 현은 대체로 자연조건에 따라 구분됐으므로 왕조가 교체되어도 그 숫자는 그다지 변하지 않았다. 한나라 이후 현의 총수는 1,200개 안팎으로 큰 변동이 없었다.

현은 몇 개의 향鄕으로 나누어 삼로三老·색부嗇夫·유요遊徼 등의 향관鄕官을 설치했다. 향 내에서 덕이 있는 자를 선임해 삼로로 삼았는데, 향의 교화를 맡았다. 색부는 소송을 처리하고 부세賦稅를 담당했다. 유요는 향의 치안을 유지하는 역할이었다. 색부와 유요는 현령이 임명하고 향에 파견했다.

향은 다수의 리里로 구성되는데 그 수장을 리정里正이라 했고, 리의 지도층을 부로父老·부형父兄이라 했다.

지방행정은 전국시대에는 현 중심으로 운영되었으나 광역 행정의 필요성이 대두되어 한나라 때에는 군 중심으로 전환됐다.

한 무제와 유교

고조 유방이 사망해 태자 유영이 제위에 올랐다. 그의 시호는 혜제惠帝 (재위 BC.195~188)이다. 태후가 된 여치는 자신이 낳지 않은 유방의 아들들을 황위에 대한 위협으로 보고 제거하려 했다. 먼저 조왕 유여의를 독살하고 회양왕 유우, 연왕 유건을 죽였다. 양왕 유회는 여씨 가문 여자를 처로 맞이했는데 애첩이 있었다. 애첩이 여후에게 독살 당하자 유회는 이를 비관해 자살했다. 목숨을 부지한 이는 제왕 유비, 대왕 유항, 회남왕 유장뿐이었다.

여 태후의 잔인함에 혜제는 충격을 받아 국정을 방기했는데, 여 태후와 그 친정이 권력을 행사했다. 여씨 일족이 수도와 궁성을 방위하는 북군北軍과 남군南軍을 통솔했다.

BC.180년 여 태후가 사망했다. 여 태후의 일족은 군을 동원해 반대파를 숙청하려 했으나 비밀이 새어 제왕 유비의 둘째 아들인 주허후朱虛侯 유장劉章, 태위 주발周勃, 승상 진평陳平 등이 모의해 북군을 동원,

여씨 일족을 멸족했다.

여씨 일족을 숙청한 후 새로이 황제를 추대해야 했는데, 주허후 유장의 형이자 고조 유방의 장손인 제왕 유양劉襄과 고조의 넷째 아들인 대왕 유항이 후보였다. 제왕 유양의 외가에는 사균駟鈞이란 못된 자가 있어 여씨의 횡포가 재현될 우려가 있었다. 대왕 유항은 성품이 너그럽고 외가 사람도 어질었으므로 황제로 추대되었다. 그의 시호는 문제文帝이다.

한 문제는 역대 중국 황제 가운데 공자가 가장 자신과 의기투합한다고 평가했는데 과연 그럴 만한 황제였다.

23년간의 치세 동안 전조田租를 감면하고 검소한 생활로 궁정 경비를 줄였다. 흉년이 들면 국고에서 곡물을 꺼내 구휼하고 육형肉刑(신체에 손상을 가하는 형벌)을 없애고 노동형으로 대체했다. 황제 자신의 과오를 들을 수 없다고 하여 황제와 조정에 대한 비방·요언妖言의 죄를 폐지했다.

한 문제가 BC.157년 세상을 떠났다. 문제의 뒤를 이어 태자 유계劉啓가 즉위하니 그가 경제景帝이다. 경제는 재위 3년(BC.154)에 들어 어사대부 조조鼂錯의 주장을 받아들여 제후왕 억제책을 강력 추진했다. 이에 한 제국의 동남방에 있는 오吳·초楚·조趙·교동膠東·교서膠西·치천菑川·제남濟南 등 7개 제후국이 연합해 반란을 일으켰다. 이를 '오초칠국의 난'이라 한다. 오초칠국이 동원한 병력은 모두 합쳐 50만에 이르렀고 경제가 동원한 병력은 36만이었다. 반란 초기에는 승패를 예측할 수 없는 지경이었으나 경제는 3개월 만에 진압에 성공했다. 이후 제후국은 유지되었어도 중앙정부가 파견한 관리가 통치하게 되어 독자성을 잃었다.

　BC.141년 정월 경제가 사망해 그의 아홉째 아들인 태자 유철劉徹이 즉위했다. 그의 시호는 무제武帝이므로 흔히 한 무제라 부른다.

　주지하다시피 과거제는 수나라에서 시작되고 당나라에서 본격적으로 실시했다. 과거제가 없었던 한 제국은 현직 또는 퇴직 관료의 자제, 그리고 재산이 많은 자의 자제 가운데 관리를 선발했다. 이외에 재능 있는 자를 추천하는 제도가 있었는데, 한 문제는 현량賢良 방정方正하고 직언直言하는 선비를 추천하라고 조칙을 내리기도 했다.

　한 무제는 즉위 초인 건원建元 원년(BC.140) 유능한 자를 추천하라는 조칙을 내렸다. 이때 승상 위관衛綰은 신불해·상앙·한비 등 법가의 학을 배운 자와 소진蘇秦·장의張儀 등 종횡가의 변설을 배운 자는 국정을 어지럽히므로 추천해서는 안 된다고 상주했고 무제는 이를 받아들였다. 건원 5년(BC.136)에는 오경박사五經博士를 두었다. 유교의 고전인 오경五經(『시경』『서경』『역경』『춘추』『예기』)의 각 경전에 전문적인 박사를 두어 그들에게 경전을 강의하도록 했다.

　이런 조치를 보면 무제 시대에는 유교가 국교國敎(국가의 지배 이데올로기)가 된 것 같지만 실제로 그렇지는 않았다. 무제는 동중서董仲舒 등 저명한 유가와의 토론에서 이들이 고대에 관한 지식은 풍부하지만 현세의 문제에는 너무나 무기력한 것을 절감했다. 당시 유가들은 공자가 우려하던 비현실적인 학문 연구에 몰두하고 형이상학에 침잠했다. 거대한 제국을 운영하는 데 도움이 되는 것은 요순시대를 찬양하는 유가 관료가 아니라 유능한 실무 관료였다. 이에 알맞은 자들은 법가였다. 한 무제 시대에는 황제의 명령을 받들고 법령을 충실히 수행하는 혹리酷吏 (법령을 엄격히 집행하는 관리)가 각광을 받았다. 한 무제의 통치는 시황제의 통치와 비슷한 점이 많았지만 그는 유교적 치장의 중요성을 잘 알았다. 무제 치세에 이르러 유교는 황제의 절대 권력을 합리화하는 어용 이데올로기 색채가 짙어졌다.

한 무제가 즉위할 무렵에는 오랜 전란으로 피폐했던 한나라 건국 초와 대조적으로 국고가 충실했다. 사마천은 『사기』「평준서平準書」에서 다음과 같이 묘사했다.

지금의 금상今上(한 무제)이 즉위하여 몇 년이 지난 후, 즉 한나라가 흥기하여 70여 년이 지났을 때, 국가는 태평무사하여 홍수나 가뭄도 없었고 백성들은 모두 자급자족이 가능하였다. 각 군과 현의 창고는 가득차 있었고 국고에는 많은 재화가 보관되어 있었다. 경사京師의 금고에 보관되어 있는 돈은 쌓여서 억만금이나 되었는데, 돈을 묶은 줄이 낡아서 셀 수도 없었다. 태창太倉(수도의 곡물 창고)의 양식은 묵은 곡식이 나날이 늘어 층층이 쌓아도 넘쳐나서, 결국은 노천에 모아두었다가 그만 썩어서 먹지 못할 지경이었다.

이러한 풍요는 한나라 초부터 '무위無爲의 치治'로 요약되는 이른바 황로黃老 사상에 입각해 경제적 자유방임을 용인한 결과였다. 황로는 전설상의 제왕 황제黃帝와 도가 사상의 개조로 일컬어지는 노자老子를 연계시킨 명칭으로 도가 사상의 한 유파이다. 한나라 초기에 정술政術

로 위정자 사이에 유행했는데, 특히 혜제 재위 시에 소하蕭何의 뒤를 이어 상국相國(승상)이 된 조참曹參이 황로 사상의 신봉자였다. 혜제에게 새로이 정책을 펼 필요가 없다고 설득하는 조참의 말에서 이것이 잘 드러난다.

> 조참 : 폐하께서 스스로 살피기에 고황제高皇帝(유방)와 비교하여 성무聖武(지혜로움과 무공)가 어떠합니까?
> 혜제 : 짐이 감히 어떻게 선황제를 따를 수 있겠소?
> 조참 : 폐하가 보시기에 신은 소하보다 지혜롭습니까?
> 혜제 : 그대가 못한 것 같소.
> 조참 : 폐하의 말씀이 옳습니다. 고황제는 소하와 더불어 천하를 안정시켰습니다. 법령이 이미 밝게 행해지고 있습니다. 지금 폐하께서 아무 일도 하지 않고 저희 신하들은 (별다른 정책을 펴지 않고) 직분만 행하여 (고황제 때의 성과를) 잃지 않는 것이 옳지 않겠습니까?
> 혜제 : 옳소. 그대는 가만히 있구려.

황로 사상은 기본적인 법에 따라 행하는 단순하고 간소한 정치를 주장하는데, 거의 50년에 걸쳐 한나라의 지도적 통치 이념이 되었다. 진나라의 가혹한 법치에 고통 받던 민중은 황로 정치를 환영했다. 한 제국을 건설한 유방이 황로 정치를 채택한 이유는 오랜 전란으로 농촌 경제가 파탄 지경이었고 행정력도 약화되어 법가 정치를 구현하기 어려웠던 상황과 관련이 있다. 그러나 법가 정치의 한계를 정확히 인식한 것이 근본적인 이유였다. 법가를 신봉하는 자들은 대개 국가권력의 한계를 모르는 권력 만능주의자이다. 이들은 민의 자율성과 능력을 인정하지 않는다. (볼셰비키처럼) 모든 권력을 독점하는 대신 민에게 의식주를 해결해주겠다고 한다. 그러나 일시적이면 몰라도 장기간 국가권력이 민의 생계를 완전히 보장해준다는 것은 불가능하다. 민의 봉기로 진 제국이 무너지는 것을 목도한 유방은 국가권력의 한계를 알고 경제적 방임주의를 택했다. 이것이 효과를 본 것이다.

그러나 흉노와의 전쟁이 시작되었다. BC.129 ~ BC.119년 사이 한무제는 7차례나 대규모 흉노 원정군을 일으켰다.

BC.129년 흉노가 상곡上谷(상곡군)을 습격하자 한 무제는 거기장군車騎將軍 위청衛靑, 기장군騎將軍 공손오公孫敖, 경거장군輕車將軍 공손하公孫賀, 효기장군驍騎將軍 이광李廣에게 각각 기병 1만을 주어 출격하게 했다. 경거장군 공손하는 흉노 군사를 찾지 못해 교전하지 못했고, 기장군 공손오는 7천 병력을 잃었으며, 효기장군 이광은 패전하여 포로가 되었다. 거기장군 위청만이 깊숙이 진격해 수백 명을 베는 약간의 전과를 올렸다.

BC.128년 가을 흉노 기병 2만이 요서, 어양, 안문雁門(현재의 산서성 북부에 소재) 등 북방의 3개 군을 습격했다. 거기장군 위청은 3만 기병을 지휘, 안문에서 출격해 흉노 수천 명을 참수하는 전과를 올렸다.

이해에 예濊의 군주 남려南閭가 28만의 무리를 이끌고 한의 요동군에 내부來附하는 일이 있었다. 위만조선의 압박에 반발한데다 한과 흉노의 전쟁으로 정세가 급변한 때문이었다. 한 무제는 창해군滄海郡을 설치해 이들을 다스리려 했으나 BC.126년 이 계획을 포기했다. 흉노 원정에 전력을 다해야 했으므로 군사적으로나 재정적으로나 여유가 없었기 때문이다.

BC.121년 한의 표기장군 곽거병霍去病은 1만 기병을 거느리고 농서隴西(현재의 감숙성 농서현) 방면에서 출격했다. 20세의 곽거병은 언지산焉支山(현새 김숙성 단현丹縣 동쪽에 있는 대황산大黃山)을 지나 천리가 넘게 진군해 흉노와 교전했다. 곽거병은 절란왕折蘭王과 노호왕虜胡王을 죽이고 혼야왕渾邪王의 아들을 잡고 1만8천을 베는 대승을 거두었다. 이외에 휴도왕休屠王이 하늘에 제사지낼 때 사용하는 금인金人(청동상)을 노획했다. 한 무제는 같은 해 여름 곽거병에게 다시 출전을 명했다. 이 흉노 원정에는 이광과 공손오도 출전했다. 우북평에서 출격한 이광의 부대는 흉노 좌현왕左賢王에게 포위되어 대패했으나 농서에서 출전한 곽거병은 기련산祈連山(현재의 감숙성 장액현 남쪽에 소재)에 이르러 흉노군을 대파했다. 이 승리로 흉노의 서쪽 방비가 무너졌다. 이 지역의 수비를 맡고 있던 혼야왕은 이치사伊雉斜 선우單于(흉노의 군주 칭호)의 문책이 두려워 곽거병에게 투항할 뜻을 밝혔다. 휴도왕도 같이 투항하려 했다. 곽거병이 이들을 맞이하러 갔는데 휴도왕이 마음을 바꾸어 도주하자 곽거병과 혼야왕이 추적해 휴도왕과 그의 부대 병사 8천을 죽였다. 휴도왕의 처와 두 아들은 포로가 되었다. 이때 곽거병에 투항한 혼야왕의 병사는 4만에 이르렀다. 무제는 투항한 혼야왕에게 탑음후漯陰侯 작위를 제수하고 봉읍 1만 호를 주었다.

BC.119년 봄, 한 무제는 흉노에 일곱 번째 원정을 단행했다. 대장군 위청과 표기장군 곽거병에게 각각 5만의 기병을 주어 선우의 본거지로 출격시켰다. 이전의 원정은 흉노의 좌현왕과 우현왕右賢王이 다스리는 지역을 대상으로 했으나 이번에는 본거지였다. 10만 기병 이외에 치중輜重(군수물자)을 나르는 부대도 수십만에 달했다.

곽거병은 정양定襄(현재의 산서성 대동현 서북방에 위치)에서 출격하고자 했는데 흉노 포로로부터 선우가 동방으로 이동했다는 정보를 듣고 대군代郡(현재의 산서성 대동현)에서 출격하고, 위청이 정양에서 출격하기로 계획을 바꾸었다.

예상과 달리 위청이 선우의 본대와 맞닥뜨렸다. 흉노 원정에 빠짐없이 참전해 전투 경험이 풍부한 위청은 병거兵車를 원형으로 배치하고 소규모 부대를 출격시켜 선우의 군사를 유인했다. 때마침 큰 바람이 일어 모래먼지가 날려 시야가 몹시 흐려졌다. 이 틈을 타 위청은 전군을 출동시켜 선우를 포위했다. 흉노군은 대패해 전사자가 1만이 넘었고 선우는 겨우 수백 기병과 함께 포위를 뚫고 도주했다.

곽거병도 위청의 부대보다 더 많은 흉노 수급을 획득해 흉노의 왕 3명과 고관 83명을 포로로 잡아 귀환했다. 흉노의 선우는 이 패전으로 자신의 본영을 막북漠北(고비사막 이북 지역으로 현재의 몽고)으로 옮겼고 한동안 흉노는 장성 부근에 출몰하지 않았다.

이후 한 무제는 흉노에 대한 전쟁을 일단 중지했다. 한 제국도 10년간의 전쟁으로 전사자 10만에 많은 군마를 잃는 등 손실이 매우 컸고 재정도 바닥이 났기 때문이다.

오랜 전쟁으로 국고가 바닥나자 한 무제는 재정수입 증대를 위해 새로운 재정 정책을 펴야 했다. 먼저 원수元狩 4년(BC.119) 소금과 철을 국가가 전매하는 정책을 폈다. 소금과 철은 당시 곡물 못지않게 중요한 생산물이었다. 전국시대부터 한 제국에 이르기까지 대부호는 소금이나 철의 생산업자 또는 판매업자였다. 소금은 인간의 생존에 필수불가결한 식품인데, 당시 중국에서는 생산지가 해안가와 내륙 일부에 불과해 제염업자와 판매업자가 큰 이득을 올릴 수 있었다. 전국시대 이후 철제 농기구가 보편화되면서 철 역시 농민에게 없어서는 물품이었다. 무제 이전에는 제염업자와 제철업자에게 과세만 하다가 원수 4년(BC.119)부터는 국가가 생산과 판매를 독점했다. 이러한 정책은 유가의 입장에서는 국가가 여민쟁리與民爭利(백성과 이익을 다툼)하는 것으로 바람직한 것이 아니었다.

원정元鼎 2년(BC.115)에는 균수법均輸法을, 원봉元封 원년(BC.110)에는 평준법平準法을 실시했다. 이는 정부가 상품을 운반하고 물가를 통제해 대상인의 이익을 억제하고 국가재정수입 증대를 꾀한 것이다. 그리고 상인과 수공업자에 대한 산자算訾(재산세)를 인상해 재정수입을 늘렸다. 이외에 재산을 은닉하는 자에 대한 처벌을 강화하고 고발을 장려했다. 재산 은닉자의 재산(토지·화폐·노비)은 모두 몰수했고, 고발한 자는 그 재산의 반을 보상금으로 주었다. 이를 고민령告緡令이라 했는데, 시행 결과 어느 정도 재산이 있던 상인은 대부분 파산했다.

이상의 신재정정책은 화폐 유통을 전제로 입안한 것이었으므로 그 성공을 위해서는 화폐 제도가 확립되어야 했다. 무제 이전까지의 한 제국의 화폐 정책은 혼란스러웠다. 원수 5년(BC.118) 오수전五銖錢을 유통시키고 원정 4년(BC.113)부터는 정부가 화폐 주조권을 독점했다. 오수전은 무게가 5수銖이고 '五銖'라는 두 글자를 표면에 새긴 원형의 동전銅錢이다. 1수가 2/3g이므로 5수는 약 3.3g이다. 새로운 화폐 정책의 성공으로 민간에서 화폐를 몰래 주조하는 자는 거의 사라졌다.

무제의 신경제정책은 대상인을 몰락시키고 그 이익을 빼앗는 것이었다. 이는 토지만이 믿을 수 있는 재산 축적 수단이라는 인식을 주어 지주들이 잉여를 오직 토지 획득에 쓰게 만들었다. 이에 따라 토지 소유의 격차는 더욱 커져 자영농의 몰락이 가속화되었다.

한 문제와 고조선

한 문제 즉위 초 한 조정에서는 남월南越과 조선을 공격하자는 논의가 일었다.

효문제가 즉위했을 때 장군 진무陳武 등이 의논해 말했다.

"남월과 조선은 진秦의 전성기에 내속하여 신하가 됐는데, 그 후에 병력을 갖추고 험한 곳에 의지해 꿈틀꿈틀 기회를 엿보며 관망하고 있습니다. 고조 때에 천하가 갓 평정되어 인민人民이 안정되지 않아 다시 군사를 일으킬 수 없었습니다. 지금 폐하께서는 어짊과 은혜로 백성을 어루만지어 은택이 나라 안에 가득합니다. 군민軍民이 기꺼이 명령을 따를 때이니 거역하는 무리를 정토하여 영토로 삼아야 합니다."(『사기』권25, 「율서律書」제3)

남월은 진의 지방관 조타趙佗가 현재의 광동성과 광서자치구 지방에 세운 국가이다.

시황제 사후 진 제국이 혼란에 빠지자 남해군의 군수 임효任囂는 자립하려 했다. 마침 질병으로 눕게 되자 남해군 휘하의 용천현龍川縣 현령인 조타를 불러 자신의 뜻을 잇도록 했다. 조타는 남해군수 직을 물려받고 자립했다. 진이 멸망하자 계림군과 상군을 병합해 남월국을 세우고 무왕武王이라 자칭했다. 남월은 한漢으로부터 철기를 수입했는데 BC.183년 여 태후가 남월의 성장을 우려해 남월과의 교역을 중지시켰다. 이에 조타는 군사를 보내어 현재의 호남성 지방을 침입했으며 스스로 무제武帝라고 하여 황제 칭호를 사용했다. 여 태후는 남월에 원정군을 보냈으나 전염병으로 실패했다.

한 제국은 남월과의 관계를 재정립해야 했는데 문제가 즉위하자 정벌론이 나온 것이다. 조선도 정벌하자고 한 것으로 보아 한나라와 조선 사이에도 분쟁이 있었던 것 같다.

당시 한나라는 대외 전쟁을 벌일 형편이 아니었다. 진무의 건의에 문제는 다음과 같이 대답했다.

짐이 즉위한 이래 그런 것은 생각해보지 않았소. 여씨 일족의 반란을 만나 공신들과 종친들이 짐을 황제에 추대하는 것을 부끄럽지 않게 여겼으므로 잘못하여 황제의 자리에 앉게 되었고, 항상 황제로서의 직분을 다하지 못할까 근심이 되어 벌벌 떨었소.

또 무기는 위험한 도구로 비록 바라는 바를 이룰 수 있다 해도 군을 움직이면 물자를 소비하게 될 뿐 아니라 백성들을 먼 국경으로 보내야 할 것인데, 어찌 그런 일을 할 수 있겠는가. 고조께서도 피로해진 백성들을 번거롭게 할 수 없음을 아시는 까닭에 정벌할 뜻을 실행하지 않으셨소.

지금 흉노가 내륙으로 침범해오면 비록 군사들이 반격하여도 무공을 세울 수 없기에 변방의 백성들은 무기를 지니고 산 지가 오래되었소. 짐은 항상 이 점을 가슴 아프게 생각하여 하루도 잊은 적이 없소. 지금 적대적인 상황을 제거할 수 없으니, 변방의 요새를 견고히 하고 적의 정세를 살피는 시설을 설치하며, 화친을 맺어 서신을 주고받으면 북쪽의 변방이 안정될 것이므로 성과가 클 것이오. 다시는 전쟁에 대한 논의를 하지 마시오.

한 제국은 조선, 남월과 협상해 이 두 나라가 형식상 신속臣屬하며 교류하는 것으로 화친했다. 이후 조선은 한나라의 압박을 받지 않고 세력을 확장할 수 있었다.

고조선을 멸망시킨 한 무제

BC.111년 한 무제는 남월南越에 원정군을 보내 멸망시키고 남해南海·창오蒼梧·울림鬱林·합포合浦·교지交趾·구진九眞·일남日南 등 7개 군郡을 설치했다. 한 무제의 남월 원정은 남방 물산의 획득이 주요 목적이었다.

조선은 위만의 손자 우거왕右渠王 때에 세력이 더욱 커졌다.

우거왕은 무역의 이익을 독점하려는 생각에서 한강 이남의 여러 소국이 한 제국과 직접 통교하는 것을 막았다. 흉노와의 전쟁을 기피해 탈영하는 한나라 병사와 변경 주민들을 적극적으로 받아들여 인구도 많이 늘어났다. 『사기』 「조선 열전」에서 "유인해 낸 한나라 망명자 수가 대단히 많았다"고 했는데, 이는 조선이 흉노와 친근했을 가능성을 시사한다. 최근 옛 흉노 영역에서 온돌 유적이 발견되었는데, 이는 고조선에서 전파된 것으로 보인다. 한 무제의 입장에서는 자신의 지상 과제인 흉노 격멸에 조선은 크게 방해가 되는 존재였다. 남월을 평정한 후 한 무제는 조선을 끌어들여 흉노를 견제할 생각으로 BC.109년 초 섭하涉何를 사신으로 보냈다.

우거왕은 한 무제의 제의를 거절했다.

비록 국고가 바닥이 났지만 한 무제의 흉노 원정은 흉노를 크게 약화시킨 성과가 있었다. 이 원정으로 한 제국과 흉노 주변의 국가와 부족들은 한에 기울었다. 동호東胡의 일파로 요하遼河의 지류인 노합하

老哈河에 거주하는 유목 부족 오환烏桓은 묵특 선우에 의해 흉노에 복속되었으나 한 무제는 오환을 한 제국 편으로 끌어들였다. 이에 비해 우거왕은 한 무제의 동맹 제의를 거절했다. 이로 보아 조선은 흉노와의 우호 관계를 중시한 것이다.

귀국길에 오른 섭하는 패수浿水에 이르러 자신을 호송하던 조선의 장수를 살해하고 달아났다.

곧이어 섭하는 요동군의 동부도위東部都尉로 임명되어 조선 국경에 가까운 요동군의 무차현武次縣으로 부임해왔다. 조선은 보복할 좋은 기회로 여겨 군사를 파견해서 섭하를 죽였다. 이에 한 무제는 조선 원정을 결정했다.

BC.109년 가을 한의 원정군 5만7천이 수륙 양면으로 조선으로 쳐들어왔다.

누선장군樓船將軍 양복楊僕은 제齊(산동 반도 일대) 지방 병사 7천을 거느리고 배를 타고 황해를 건너 조선의 수도 왕험王險(왕검王儉)에 이르렀고, 좌장군左將軍 순체荀彘는 5만 군사를 이끌고 요동에서 출격했다. 1년이 넘는 격전 끝에 왕험성(왕검성)은 함락되었다.

무고의 난과 소제의 즉위

BC.94년 무제는 63세의 노년에 막내아들을 보았다. 그가 유불릉劉弗陵이다. 총애하는 후궁 조趙씨가 생모인데 임신 기간이 14개월이라 했다. 이는 전설적인 제왕 요堯 임금의 임신 기간과 같으므로 무제는 후궁 조씨의 궁문을 '요모문堯母門'(요 어머니의 문)이라 이름 지었다. 이 때문에 무제가 위衛 황후 소생의 황태자 유거劉據를 대신해 유불릉을 태자로 삼을 것이라는 추측과 소문이 나돌았다. 무제가 태자 교체를 시사하는 조치를 취하지는 않았지만 태자와 사이가 좋지 않은 관료와 환관들은 태자 유거를 제거하려는 음모를 꾸몄다.

무고巫蠱는 나무로 특정인의 인형을 만들어 땅속에 묻고 특정인의 죽음을 기원하는 주술이다. 한 무제 시대에는 무고 행위가 매우 유행했다. 황제에 대한 무고 행위는 대역죄이므로 당시 관료 사회에서는 경쟁자를 제거하기 위해 무고를 했다고 무고誣告(거짓으로 꾸며 고발함)하는 일이 많았다.

정화征和 2년(BC.91) 직지수의사자直指繡衣使者(감찰관) 강충江充이란
자가 건강이 나빠 감천궁甘泉宮에 피서 중이던 한 무제에게 황태자 유
거를 무고했다. 황태자가 황제인 무제를 저주하고 있다는 것이었다. 강
충은 감찰관으로서 횡포를 부리고 있었으므로 황태자의 미움을 받았
다. 노년의 무제가 죽어 황태자 유거가 황제가 되면 죽음을 당할 것을
두려워해 무고한 것이었다. 무제는 이 참소에 현혹되어 황태자의 궁전
을 수색하라고 명령했다. 오동나무로 만든 인형 6개가 발견되었는데
모두 침이 꽂혀 있었다. 이는 강충의 모략이었다. 강충의 무고 이전에
환관 소문蘇文이 태자 유거가 무제의 병환에 기뻐하고 있으며 무제의
후궁과 사통했다고 무고한 바 있다.

계략에 빠진 것을 안 유거는 태자소부太子小傅(태자의 스승) 석덕石德
을 찾아가 상의했다. 석덕은 시황제의 태자 부소의 예를 상기시키고는
무제가 이미 병사했을 가능성을 제기했다. 석덕은 무고자들을 처벌하
라며 거병을 제의했다. 태자 유거는 직접 감천궁으로 가서 무제에게 변
호하려 했다. 그러나 도중에 이미 강충의 사자가 감천궁으로 가고 있
다는 것을 알고는 거병을 결심했다. 태자는 강충 등 음모자들을 유인해
죽였으나 환관 소문은 죽음을 모면하고 감천궁으로 가서 무제에게 태
자가 반란을 일으켰다고 고했다. 무제는 반신반의하면서 확인하려 태
자를 소환하라고 장안에 사자를 보냈다. 사자는 장안에 가지도 않고 무
제에게 태자가 정변을 일으켰다고 보고했다. 격노한 무제는 신속히 장
안성 서쪽에 있는 건장궁建章宮으로 돌아가 승상 유굴리劉屈氂에게 진
압을 명령했다. 승상 유굴리는 무제의 서형庶兄인 중산정왕 유승劉勝의

아들이었다. 유굴리는 삼보三輔(수도권 지역) 부근 현의 무기고에서 병기
를 내게 해 태자의 군사에 대항하게 했다. 태자도 죄수를 해방시켜 병
력으로 충원하고 시전市廛의 상인도 무장시켰다.

5일간 시가전이 벌어져 무제가 승리했다. 양군의 전사자가 수만이
넘었다. 태자는 장안을 빠져나가 은신했고, 태자의 생모 위 황후는 폐
위되어 자살했으며, 황태자비 사 량제史良娣, 태자의 3남1녀와 며느리
까지 모두 죽음을 당했다.

태자는 호현湖縣 천구리泉鳩里의 민가에 은신한 지 20여 일 후 거처
가 발각되어 자살했다.

이 무고의 난이 끝난 직후 태자가 억울하다는 것이 밝혀져 무제는
죽은 강충의 유가족을 모두 죽였다. 무제는 태자가 죽은 호현에 사자궁
思子宮(아들을 생각하는 궁전)을 짓고 태자의 혼백이 돌아오기를 바라는 뜻
으로 높은 대臺를 쌓아 '귀래망사지대歸來望思之臺'라 호칭했다. BC.87
년 2월 정묘일 무제는 노환으로 죽었다. 재위 54년으로 그의 나이 70
세였다.

무제에게는 아들이 여섯 있었으나 그가 세상을 떠날 때에는 3남인
연왕燕王 유단劉旦, 4남인 광릉왕廣陵王 유서劉胥, 6남인 유불릉 셋만
생존했다. 유단과 유서는 성년이었으나 품행이 난폭해 무제가 꺼려 했
다. 무제는 죽기 이틀 전인 을축일 8세인 막내아들 유불릉을 태자로 정
했다. 그다음 날 무제는 신임하는 측근인 곽광霍光, 김일제金日磾, 상관
걸上官桀을 불러 태자를 보좌할 것을 유조遺詔로 전하고 각각 대사마·
대장군大將軍, 거기장군, 좌장군左將軍으로 임명했다.

곽광은 흉노와의 전쟁에서 빛나는 무공을 세운 곽거병의 이복동생이다. 곽거병의 후원으로 10여 세에 궁중에 들어가 무제의 측근으로 20년이 넘게 봉사했다. 김일제는 흉노 휴도왕의 아들로 14세에 한나라의 포로가 되었는데 무제의 측근으로 봉사했다. BC.88년 무제를 암살하려 침소에 들어온 자객과 격투를 벌여 무제를 구했다. 상관걸은 무제를 경호하던 낭관 출신으로 무제의 신임이 컸다.

무제가 사망하자 미성년인 유불릉이 즉위하니 그가 소제昭帝이다. 곽광, 김일제, 상관걸이 국정을 담당했는데, 무관인 이들이 최고위 행정 담당자인 승상을 제치고 실권을 행사할 수 있었던 이유는 상서尚書 직을 겸임했기 때문이다. 상서는 소부小府(황실 재정을 담당하는 기관) 소속의 관직으로 고관은 아니나 승상부丞相府·어사부御使府 등 각 관청의 상주문上奏文을 황제에게 전하고 황제의 조서를 하달했다. 당시 상주문은 정본과 부본 2통을 작성했는데 먼저 상서가 부본을 읽고 황제에게 전할지 여부를 결정했다. 또한 조서 하달을 통해 각 정무에 개입할 수 있었다. 시간이 흐름에 따라 주요 정책의 입안이나 결정이 상서에 의해 좌우되게 되어 상서 직은 승상을 능가하는 관직이 되었다.

전제군주정치에서는 비서 역할을 하는 군주의 측근이 군주와 신료, 그리고 민과의 소통을 통제하고 조종하기 쉬운데, 이 때문에 관직의 고위보다는 군주와의 공간적·정서적 거리가 관료의 권력을 결정하게 된다. 신분은 노예이지만 군주의 비서인 환관이 군주 이상의 권력을 휘두르는 일이 중국사에서 드물지 않았는데, 이는 전제군주정치의 폐단을 잘 보여주는 일이다. 변형된 군주정치라 할 수 있는 대통령중심제에서

인의 장막이 형성되어 국정이 엉망이 되는 일이 일어나는 것도 같은 맥락이다. ─ 유신 말기 경호실장 차지철은 군주를 통제, 조정하는 환관의 역할을 잘 수행했다. 중앙정보부장 김재규가 차지철을 쏘기 직전에 했던 욕설은 정곡을 찌른 것이었다.

소제 즉위 이듬해 김일제가 병사해 곽광과 상관걸이 국정을 전담했다. 무제 말년에 곽광의 딸이 상관걸의 아들 상관안上官安과 혼인해 두 사람은 사돈이기도 했다. 사이가 돈독했던 곽광과 상관걸은 소제의 황후 책봉 문제로 갈라지기 시작했다.

상관안과 곽광의 딸 사이에 태어난 딸은 개장공주蓋長公主의 도움으로 5세의 나이에 후궁이 되었다. 개장공주는 연왕 유단의 친누나로 소제의 이복누나가 되는데, 궁중에서 어린 소제를 돌보고 있었다. 곽광은 자신의 외손녀가 어리다는 이유로 입궁하는 것을 반대했는데, 상관안은 개장공주의 애인 정외인丁外人과 가까운 사이였으므로 정외인에게 부탁해 일을 성사시켰다. 후궁이 된 상관안의 딸은 몇 달 지나지 않은 BC.83년 황후가 되었다. 이때 소제의 나이 12세, 상관 황후의 나이 6세였다.

상관걸 부자는 개장공주의 환심을 얻으려 정외인을 열후에 봉할 것을 주청했다. 열후는 한나라의 작위 체계 가운데 최상위로 봉읍을 부여받고 작위를 세습할 수 있다. 곽광이 기각하자 개장공주는 곽광에게 원한을 품었다. 이후 상관걸 부자와 개장공주가 밀착해 곽광과 대립했다.

원봉元鳳 원년(BC.80) 상관걸은 곽광을 암살하고 소제를 폐위한 다음 연왕 유단을 추대할 계획을 세웠다. 그러나 개장공주의 사인舍人(집사)이 이를 밀고해 곽광이 신속히 반격에 나서 상관걸 부자와 정외인을 주살했다. 개장공주도 자살했다. 연왕 유단도 일이 실패했음을 알고 자살했다. 그의 후비와 부인 20여 명도 따라 자살했다. 이후 곽광은 절대권력자가 되어 누구도 넘볼 수 없었다.

원봉 3년(BC.78) 동중서의 손제자係弟子(제자의 제자)가 되는 휴홍睢弘이란 자가 소제의 선양禪讓을 주장하는 글을 올렸다.

이해 정월 태산의 내무산萊蕪山 남쪽에 수천 명의 사람 소리가 들리기에 부근에 있는 자가 가서 보니 높이가 1장5척(3.54m)이고 둘레가 48 아름이나 되는 다리가 세 개 달린 큰 돌이 저절로 일어났는데, 그 뒤에는 백조 수천 마리가 울고 있었습니다. 또한 창읍국昌邑國의 국사國社에 있던 말라 쓰러진 사목社木이 되살아났습니다. 게다가 상림원上林苑 안에 벌채되어 쓰러져 있던 큰 버드나무가 다시 살아나 새싹이 돋고, 벌레가 뜯어먹은 잎의 흔적에는 '공손병이립公孫病已立'(왕의 손자인 병이病已가 일어난다는 뜻)이라는 다섯 글자가 새겨져 있었습니다.

이와 같은 괴이한 현상을 『춘추』의 재이災異 설로 해석하면, 돌이나 버드나무는 모두 음양 가운데 음에 해당하는 것이고, 임금과 인민의 관계로 말하자면 인민에 해당합니다. 또 태산은 왕 된 자가 역성고대易姓告代 의식을 하는 장소입니다. 큰 돌이 저절로 일어나거나 큰 버드나무가 살아난다는 것은 필부에서 천자가 나오는 조짐입니다. 말라비틀어진 사목社木이 살아나는 것은 폐절한 집안이 부흥하는 징조입니다. 선사先

師 동중서의 말에 따르면, 황위를 계승하고 있는 군주가 있다 하여도 성
인이 출현했다면 천명은 그쪽으로 바뀐다고 했습니다. 지금의 황제는
천하를 뒤져 현인을 찾아 그에게 황위를 양보하고 퇴위해서 천명에 순
응해야 합니다.

이 글을 본 곽광은 정위廷尉에게 휴홍을 심의하게 했다. 휴홍은 군
중을 현혹시키고 대역무도한 죄를 지었다 하여 주살되었다.

선양禪讓

유교의 이상적인 정권 교체 방식으로, 천자天子가 제위帝位를 자
식이 아닌 유덕자有德者에게 물려주는 것이다. 요堯는 아들이 아닌
사위인 순舜에게, 순은 황하 치수에 뛰어난 공을 세운 우禹에게 양위
했다는 전설이 있다.

선양은 직역하면 선禪을 양보讓步한다는 말이다. 본래 선은 봉선
封禪의 뜻으로 하늘에 제사를 지내 천의天意를 묻고 하늘에 고하는 것
을 말하는데, 나중에 천위天位(천자의 자리)를 뜻하게 되었다. 맹자가
선양을 본격적으로 주장하고 이론화했다.

선제의 치세

소제는 원평元平 원년(BC.74) 4월 계미일, 자식 없이 사망했다. 향년 21
세였다. 이때 무제의 아들로서 살아 있는 사람은 광릉왕 유서가 유일했
다. 후계 황제를 결정하는 조의에서 모두가 유서를 추천했다. 광릉왕
유서는 맨손으로 맹수를 잡는다는 괴력을 지닌 이로 포악한 성격에 기
녀와 놀기를 즐겨하고 무절제해 무제가 싫어했다. 곽광은 덕이 없는 유
서를 제위에 오르게 할 수 없다고 보고 승상 양창楊敞과 논의해 종실에
서 후계 황제를 뽑기로 했다. 무제의 손자가 되는 창읍왕昌邑王 유하劉
賀가 추대되었다. 유하는 무제의 5남인 창읍왕 유박劉髆의 아들이다.
유박은 무제와 같은 해에 사망했다.

　장안에 도착한 창읍왕 유하는 소제의 황후로 곽광의 외손녀인 상관
황후를 알현하고, 우선 황태자가 되고 6월 초하루 황제로 즉위했다.

　곽광이 살아 있는 한 허수아비 황제를 면할 수 없으므로 새 황제의
측근들은 — 이들은 창읍왕 시절부터 섬긴 이들이다 — 곽광 제거를 기

도했다. 그러나 그 가운데 왕길王吉과 공수龔遂가 곽광에게 밀고했다. 이에 곽광은 대사농大司農(재무 담당 최고위직) 전연년田延年의 건의에 따라 황태후(상관 황후)의 권위를 빌려 새 황제를 폐위하려 했다.

6월 28일 곽광은 승상·어사대부·장군·열후·대부·박사 등을 미앙궁未央宮으로 소집했다. 곽광은 새 황제가 무도해 한나라의 사직을 위태롭게 한다며 폐위를 제안했다. 모두가 크게 놀라 아무도 입을 열지 않았다. 대사농 전연년이 자리에서 일어나 칼을 짚고 곽광의 충절과 한 왕실의 위기를 설명하고는 곽광의 제안에 찬성하지 않는 자는 당장 죽이겠다고 선언했다.

결국 조의에 참석한 모든 신하가 머리를 조아려 절을 하고 폐위에 찬성했다. 이어 곽광은 군신을 이끌고 17세의 황태후를 알현해 황제 폐위의 필요성을 설명했다. 황태후는 새 황제를 미앙궁으로 불렀다. 황제가 궁으로 들어가자 궁문이 닫히고 창읍국에서 따라온 신료 200여 명은 문 밖에 머물렀다. 거기장군 장안세張安世가 지휘하는 우림기羽林騎(무제 때 신설된 근위부대)가 이들을 모두 체포했다.

입궁한 황제가 황태후 앞에 엎드리자 상서령이 곽광 등 만조백관이 서명해 황태후에게 보내는 상주문을 읽었다. 황태후는 이를 재가하는 조칙을 내렸다. 새 황제는 즉위한 지 27일 만에 폐위되고 창읍국으로 소환되었다. 이어 창읍왕 자리마저 박탈당했다. 새 황제를 창읍왕 시절부터 따르던 신하 200여 명도 모두 주살되었다. 이들은 형장으로 끌려가면서 "(곽광을) 당연히 죽여야 하는데도 일찍 죽이지 못하고, 이렇게 당하는구나"라고 한탄했다.

후보자 없이 갑작스레 황제를 폐위했으므로 다음 황제를 정하는 것이 급선무였다. 광록대부光祿大夫·급사중給事中 병길丙吉이 무고의 난에서 유일하게 살아남은 태자 유거의 손자 유병이劉病已를 추천했다.

내가 어린 시절부터 알고 있는 병이病已라는 젊은이는 지금 민간에 있지만 실은 무제의 증손으로 나이가 열여덟이나 열아홉 정도 된다. 이 젊은이는 경술經術에 능하고 행동에 절도가 있어 사람 됨됨이도 뛰어나다. 검토한 후에 후보자로 삼고 싶다.

태복太僕 두연년杜延年도 유병이를 추천했다.

그 젊은이는 내 아들과 친한 사이로 사람됨을 보증할 수 있다.

유병이는 무고의 난이 났을 때 태어난 지 몇 달 되지 않은 아기였다. 그 때문에 죽음을 면하고 투옥되었다. 이때 병길은 정위감廷尉監이었는데, 여자 죄수가 유병이를 키우도록 했다. 무제가 무고의 난 관련자를 사면하자 병길은 유병이를 그의 할머니인 사 량제史良娣(량제良娣는 태자의 비빈 중 하나)의 친정으로 보냈다. 한 무제는 이를 알고 액정掖庭(후궁)의 관리들이 그를 양육하도록 했다. 액정령掖庭令 장하張賀는 태자 유거의 은혜를 입었으므로 사재를 털어 유병이의 교육에 힘썼다.

장하는 자신의 손녀를 장성한 유병이와 결혼시키려 했으나 아우인 장안세가 반대해 포기하고 부하로서 폭실暴室(궁중의 염색 일을 맡는 관청)

의 색부嗇夫인 허광한許廣漢을 설득해 그의 딸 허평군許平君과 결혼하
도록 했다. 허광한의 처는 이를 알고 격분해서 반대했으나 허광한은 상
관에게 한 약속을 어길 수 없었다. 유병이는 결혼해 장안성에서 살았는
데 처가가 그를 부양했다. 처가인 허씨와 조모의 친가인 사씨의 도움으
로『시경』『논어』『효경』을 배웠다. 학문에 뛰어났으나 유협遊俠을 좋아
했고 투계鬪鷄와 말달리기도 즐겼다. 여항閭巷(백성들이 사는 곳)의 사정에
도 정통해, 번딕스러운 민심의 실체도 터득했다.

곽광은 고위 관료와 함께 무제의 증손인 유병이를 황제로 세울 것을
황태후에게 주청했다. 7월 경신일 유병이는 미앙궁에 들어와 황태후를
알현하고 황제의 새수璽綬를 받아 제위에 올랐다. 그의 시호는 선제宣
帝이다.

선제가 즉위했을 때, 그에게는 처 허평군 소생의 두 살 난 아들 유석
劉奭이 있었다. 선제는 즉위한 지 4개월 만인 11월에 허평군을 황후로
책봉했다. 이는 곽광의 딸을 황후로 책봉하리라는 세간의 예상을 뒤엎
은 일이었다.

본시本始 3년(BC.71) 정월 임신 중이던 허 황후가 독살 당했다. 곽광
의 처가 저지른 일인데, 곽광은 진상 조사를 중지시켰다. 다음해 곽광
의 딸인 곽성군霍成君이 황후가 되었다. 곽씨 일족은 이제 외척까지 되
어 더욱 권세를 누렸다.

지절地節 2년(BC.68) 곽광이 병사했다. 그의 묘는 무릉茂陵(무제의 능)
과 평릉平陵(소제의 능) 사이에 조성되었는데, 선제는 묘지기로 300가를

배치했다.

곽광 사후 그의 아들 곽우霍禹는 중랑장中郞將에서 우장군右將軍으로 승진했다. 곽광의 형 곽거병의 손자인 곽산霍山은 봉거도위로서 상서를 겸직했다. 곽광의 심복인 거기장군 장안세는 대사마 겸 거기장군이 되었고 상서도 겸임했다.

이를 보면 곽씨 일족의 권세는 여전할 것 같았으나 선제는 권력을 회복하려는 조치를 취하기 시작했다. 먼저 상주문을 상서를 경유하지 않고 곧장 황제에게 전달하도록 했다. 이에 곽씨 일족은 매우 두려워했다. 이제 그들에 대한 핵주劾奏(죄를 탄핵하는 상주문)를 막을 수 없게 되었기 때문이다.

지절 3년(BC.67) 4월 선제는 허 황후 소생의 아들 유석劉奭을 황태자로 책봉했다. 선제는 황태자가 곽씨 일족에게 독살 당할 것을 우려해 경계를 삼엄히 했다. 이어 10월에는 곽씨 일족이 장악한 병권을 박탈하는 여러 조치를 취했다. 인민의 노고를 줄인다는 명목으로 거기장군과 우장군의 둔병屯兵을 폐지해 우장군 곽우는 부릴 수 있는 병력이 없어졌다. 곽광의 두 사위 탁요장군度遼將軍 범명우范明友와 산기기도위散騎騎都尉 조평趙平은 해임되었다.

지절 4년(BC.66) 궁지에 몰린 곽씨 일족은 선제 폐위를 기도했으나 사전에 발각되어 멸족을 당했다. 곽산과 범명우는 자살하고 곽광의 처와 곽우 등 곽씨 일족은 기시棄市되었다. 기시는 시장에서 처형하고 그 시체를 길거리에 버리는 형벌이다.

권력을 찾은 선제는 먼저 소금 가격을 내리고 전국의 죄수를 조사해

옥중에서 굶주리거나 동사하는 자가 있는지 살피도록 했다. 이때까지 군郡의 장관인 태수의 주요 임무는 군의 치안을 담당하고 호구 수를 정확히 조사해 조세를 거두는 일이었다. 선제는 태수들에게 농업을 장려하는 등 민생에 더 힘쓰라고 했다. 선제 치세에는 인민의 위무를 주로 하는 관리인 순리循吏가 득세했다. 그러나 선제는 법술을 신봉하는 혹리도 중용했다. 이들은 군도群盜에 강경했고 지방 호족도 탄압했다. 선제는 민을 통치함에 있어 강온 양책을 쓴 것이다.

무제 시대에 흉노와의 전쟁으로 흉노와 티베트 방면의 강족羌族이 분리되어 그 중간에 서역 교통로가 열렸다. 선제 대에 강족이 북방으로 진출해 다시 흉노와 연결하려 했다. 신작神雀 원년(BC.61) 선제는 후장군後將軍 조충국趙充國을 보내어 강족을 축출하도록 했다. 조충국은 강족을 격파하고 둔전을 설치해 수비병이 자급자족할 터전을 갖추었다. 선제는 호강교위護羌校尉라는 관직을 신설해 항복한 강족을 감독했다.

서역 지방이 한 제국 세력권으로 들어오자 흉노의 세력은 더욱 약화되어 내부 분열이 일어났다. 신작 2년(BC.60) 허려권거虛閭權渠 선우가 사망하자 다섯 명이 선우를 자처해 분열하다가 호한야呼韓邪 선우와 질지郅支 선우의 2대 세력으로 양분되었다. 질지 선우는 흉노 영역의 서북부, 호한야 선우는 동남부를 차지했다. 세력이 약한 호한야 선우는 한 제국에 군신 관계를 맺을 것을 자청했다. 감로甘露 3년(BC.51) 정월 호한야 선우는 감천궁에서 열린 신년 조하식朝賀式에 참석해 선제를 알현했다. 한 무제의 오랜 원정에도 굴복시키지 못한 흉노의 선우가 스스로 신하라며 내조來朝하니 한 조정은 감개무량했다. 질지 선우도 매년

사자를 한나라에 파견했으나 호한야 선우를 더 우대하자 이란 계통의
유목민족 오손烏孫에 접근했다. 오손이 동맹을 거부하자 질지 선우는
공격해 세력을 중앙아시아로 넓혔다.

원제의 치세

황룡黃龍 원년(BC.49) 12월 선제가 병사하고 황태자 유석이 즉위했다. 그의 시호는 원제元帝이다. 선제가 즉위할 때 2세였는데, 8세에 태자로 책봉되었다.

유가 사상에 심취했던 원제는 태자 시절인 BC.53년 법술 관료를 중용하고 무거운 형벌을 쓰는 선제에게 연회석에서 유가를 중용할 것을 건의한 일이 있었다.

폐하께서는 형법刑法에 의지함이 매우 심합니다. 마땅히 유생儒生을 써야 합니다.

선제는 이에 정색을 하고 말했다.

한가漢家(한나라 황실)에는 자체의 제도가 있으니 본래 패도霸道(법가)

와 왕도王道(유가)를 혼용한다. 그런데 오직 덕을 설명하는 유술만을 사용해서 주나라의 정치를 채용한다는 것은 무엇인가? 더욱이 속유俗儒 무리는 현재 해야 할 정무를 알지 못하고 그저 옛것을 옳다 하고, 지금을 비난하고 세상 사람들을 유혹해 명名과 실實을 구별할 수 없게 해서 무엇을 지켜야 하는지도 알지 못하게 하고 있다. 이러니 어떻게 유가에게 정치를 맡길 수 있는가?

이어 탄식하며 말했다.

　　우리 황실을 어지럽힐 자는 태자로다!

　민간에서 자라 인간 심리의 어두운 면을 잘 아는 선제는 유가의 한계를 분명히 인식하고 있었다. 선제가 보기에 유가를 전적으로 신봉하는 태자는 세상물정 모르는 철부지였다. 선제는 한때 법가에 지식이 있는 차남인 회양왕淮陽王 유흠劉歆으로 태자를 교체하려 했으나 태자 유석이 독살 당한 허 황후의 유일한 아들이고 선제 자신이 처가인 허씨 집안에 의지한 바가 컸으므로 포기했다.

　원제 치세에는 유가 관료가 대거 약진했고 유교의 국교화가 진행되었다. 이에 따라 선양 사상이 구체화되어 훗날 왕망의 선양이 실현될 기반이 갖추어졌다.

　영광永光 4년(BC.40) 군국묘郡國墓가 폐지되었는데 이는 유가 사상이 왕조의 전통을 바꿀 수 있을 정도의 권위를 획득한 것을 보여주는 일이었다.

한 고조 유방이 재위 중에 아버지인 태상황을 위해 각 군과 국에 태상황묘를 만든 것을 시작으로 나중에는 고조를 제사지내는 태조묘, 한 문제를 제사지내는 태종묘, 한 무제를 제사지내는 세종묘가 각각 군과 국에 설립되었다. 이를 통틀어 군국묘라 했다. 원제가 폐지를 결정할 때에는 68개 군국에 167개 군국묘가 있었다.

군국묘 폐지는 경비 질감 명목으로 제안된 것이지만 대신들의 논의에서는 유가의 예제禮制에 어긋난다는 이유로 폐지되었다. 승상 위현성韋玄成, 어사대부 정홍鄭弘, 태자태부 엄팽조嚴彭組 등 고관 70여 명이 군국묘 폐지에 찬성한 논리는 다음과 같았다.

『춘추』의 의義에 따르면, 아버지는 서자 집에서 제사지내면 안 되고 군君은 신하의 집에서 제사지내서는 안 되고 왕은 제후의 집에서는 제사지내면 안 되고 모두 그 적출 자손의 집에서만 제사지내야 한다. 따라서 황제의 종묘를 군과 국에 설치하여 지방관에게 제사를 지내게 하는 것은 고례古禮에 어긋나는 행위이다.

군국묘 설치는 황제가 인민의 아버지이고 한 제국은 황제를 아버지로 하는 하나의 집안이라는 가족국가 관념을 표현한 것이었다. 황제의 묘를 지방에도 설치하고 지방관이 주재해 인민이 제사지내게 하는 것은 황제 권력을 향촌에까지 침투시키는 유효한 수단이었다. 160년간 지속된 이 전통이 '춘추의 의春秋之義'라는 유가 관념에 따라 변경된 것이다.

2장 왕망의 선양과 몰락

성제의 즉위와 외척 왕씨의 득세

경녕竟寧 원년(BC.33) 원제가 세상을 떠났다.

원제에게는 아들이 셋 있었으니 황후 왕정군王政君이 낳은 태자 유오劉驁, 후궁 부傅씨가 낳은 2자 산양왕山陽王 유강劉康, 후궁 풍馮씨가 낳은 3자 신도왕信都王 유흥劉興이었다. 태자 유오는 자라면서 주색을 즐긴데 비해 유강은 총명하고 부지런한데다가 원제처럼 음악을 좋아하고 악기를 잘 다루었다. BC.35년 병석에 누운 원제는 태자를 유강으로 교체하려 했으나 태자궁을 관리하는 사단史丹이 목숨을 걸고 개입해 포기했다. 사단은 원제의 증조모인 사 량제의 친척으로 원제가 존경했다.

태자 유오가 즉위하니 그의 시호는 성제成帝이다. 성제의 생모 왕정군은 왕금王禁의 딸인데, 왕금에게는 8남4녀가 있었다. 장녀는 왕군협王君俠, 차녀는 왕정군, 셋째 딸은 왕군력王君力, 넷째 딸은 왕군제王君弟였다. 8남은 왕봉王鳳, 왕만王曼, 왕담王譚, 왕숭王崇, 왕상王商, 왕립王立, 왕근王根, 왕봉시王逢時였다. 이들은 왕정군에게는 모두 아우였는

데, 이 가운데 왕봉과 왕숭은 왕정군과 어머니가 같았다. 성제가 즉위
하자 왕정군은 황태후가 되었고 양평후陽平侯 왕봉은 대사마·대장군·
영상서사가 되었다. 왕숭은 안성후安成侯가 되었는데 식읍이 1만 호였
다. 영상서사領尙書事에서 영은 겸직을 뜻한다. 그러므로 영상서사는
상서 일을 겸직한다는 의미이다. 대사마·대장군이 되어 상서 직무를
한다는 것은 국정을 장악하는 것이었다.

외척 왕씨의 대두는 왕봉으로부터 비롯되었다.

하평河平 2년(BC.27)에는 왕봉의 이복아우 다섯이 같은 날 열후가 되
니 왕담은 평아후平阿侯, 왕상은 성도후成都侯, 왕립은 홍양후紅陽侯, 왕
근은 곡양후曲陽侯, 왕봉시는 고평후高平侯로 봉해졌다. 태후 왕정군의
아우 가운데 일찍 죽은 왕만을 제외한 7인이 열후가 된 것이다. 이는
한 고조 유방이 정한 규정에 어긋난 것이었다. 유방은 실제로 공훈이
있을 경우에만 열후로 봉하라고 했다.

양삭陽朔 2년(BC.23) 4월 왕봉의 사촌인 왕음王音이 어사대부가 되었
다. 이에 왕씨 집안은 더욱 번성해 주州의 자사와 봉국의 재상이 모두
왕씨 일문에서 나왔다. 열후가 된 왕씨들은 뇌물로 모은 재산으로 빈객
을 부양해 명성을 얻었다.

이렇듯 외척 왕씨가 득세하자 비난 여론이 일었다. 당대의 석학이자
종실인 유향劉向은 왕씨의 득세가 한 왕실에 위협이 될 것으로 보아 장
문의 상주문을 성제에게 올렸다. 내용은 대략 다음과 같았다.

군주가 아무리 안정安定하려 해도 늘 위기가 따르고, 아무리 자리를

지키려 해도 늘 멸망하는 법입니다. 이는 신하를 부리는 술수가 모자라기 때문입니다. 무릇 대신大臣이 권세를 가지고 국정을 맡으면 해가 되지 않을 수 없습니다.

옛날 진晉나라에는 6경六卿이, 제齊나라에는 전田씨, 최崔씨가 국정을 장악했습니다. 결국 전씨는 제나라를 차지했고, 6경은 진나라를 분할했습니다.

한나라가 일어날 때 여씨들이 무도하여 유씨의 사직을 위협했으나 충직한 대신 주발 등이 충절을 다해 여씨를 멸망시키고 유씨를 다시 편안하게 했습니다.

지금 왕씨 일족으로 권세를 얻고 있는 대사마·대장군 왕봉과 그 아우인 다섯 열후 이외에 23명, 그 외에 많은 사람이 황제 측근에서 일하고 있습니다. 또한 상서尙書나 구경九卿, 주의 목牧이나 군의 태수 등도 전부 그 일문에서 등용하고 있습니다. 상고 시절부터 진, 한에 이르기까지 외척이 지금의 왕씨처럼 세도를 부린 일이 없습니다.

사물이 성盛하면 비상한 변고가 미리 나타나는 법입니다.

소제昭帝 치세에는 태산의 쓰러진 돌이 스스로 일어나고 상림원의 죽은 버드나무가 일어나더니 선제宣帝가 즉위했습니다. 지금 왕씨 선조의 묘가 제남濟南에 있는데, 거기에 세워진 기둥에서 잎이 나고 땅속에 뿌리를 뻗고 있습니다. (태산의 쓰러진) 돌이 스스로 일어나고 (상림원의 죽은) 버드나무가 일어난 것도 이보다 더 분명한 징표는 되지 못합니다.

사세事勢가 두 가지일 수 없듯이 왕씨가 유씨와 병립할 수 없습니다. 아래로는 태산과 같이 안정되어 있어도 위로는 누란의 위기입니다.

폐하께서는 종묘사직을 지켜야 하는데, 외가에 국정을 맡기고 하인이 다 되어 일신을 지키기에도 어려우니 하물며 종묘사직을 어찌 지키겠습니까? 선제께서 외척이 세도를 부리지 못하게 한 것은 사직의 안정을 위해서입니다.

폐하께서는 마땅히 밝은 조칙을 내리시어 종실을 가까이 하고, 외척을 멀리 내쫓아 정치를 하지 못하게 해야 합니다. 그렇지 않으면 (제나라를 찬탈한) 선씨가 지금에 다시 나타날 것이며, 진나라를 분할한 6경이 한나라에 일어나 후대에 근심거리가 될 것입니다.

상주문을 읽은 성제는 동의하면서도 어찌할 도리가 없었다. 당시 관료 사회에는 한 왕조의 천명天命이 다했고 왕씨가 천명을 받을 것이라는 믿음이 퍼져 있었는데, 유향의 상주문은 이를 반영하는 것이었다. 성제 치세에 외척 왕씨의 권세는 높아져만 갔다.

왕봉은 대사마·대장군으로 11년간 재직하다가 양삭 3년(BC.22)에 사망했다. 왕봉은 사촌인 어사대부 왕음으로 하여 자신의 뒤를 잇게 할 것을 유언으로 남겼다. 왕봉이 자신의 아우들은 사치하고 방탕해 국정을 맡겨서는 안 된다고 보았기 때문이다.

왕음은 대사마·대장군 자리에 7년 동안 있다가 영시永始 2년(BC.15)에 사망했다. 이후 대사마·대장군 직위는 왕봉의 아우인 왕상과 왕근이 연이어 계승했다.

유향(劉向, BC.77? ~ BC.6)

중국 전한前漢의 경학가經學家로 본명은 갱생更生, 자는 자정子政이다. 한 고조 유방의 이복동생 유교劉交의 4세손이다.

경사經史에 능통했던 유향은 "인성은 선악을 낳지 않으며, 사물에 감感한 뒤에 움직인다"고 하여 종래의 성선설과 성악설을 모두 부정했는데, 인성 자체에는 선악이 없으며 외부의 자극이 있기 때문에 선악의 이동異同이 있게 된다고 주장했다.

선제 때 명유名儒로 발탁되어 석거각石渠閣(궁중 도서관)에서 오경五經을 강의했다. 원제 치세에는 종정宗正(황제의 친족을 담당하는 관직)이 되어 환관 홍공弘恭과 석현石顯이 권력을 휘두르는 것에 반대해 퇴진시키려고 했지만 참언을 받아 투옥되었다.

성제가 즉위하자 임용되어 이름을 향向으로 바꾸었고, 광록대부를 거쳐 중루교위中壘校尉에 이르렀다. 성제 치세에는 종실 자격으로 외척 왕씨의 전형을 막으려 노력했다.

유향은 흩어져 있던 선진先秦 시대의 고서적을 수집해 교감校勘(여러 책을 비교해 차이가 나는 것을 바로잡음)했고, 책이 완성될 때마다 분류하고 그 대의大意를 기록해『별록別錄』을 만들었는데, 이 때문에 그를 중국 목록학의 비조鼻祖로 본다.

춘추전국시대로부터 한나라 때까지의 역사 고사古事를 기록한『신서新序』와 『설원說苑』을 편찬했다. 『시경』과 『서경』에 나타난 여인들 중 모범과 경계로 삼을 만한 사례를 모아 『열녀전列女傳』을 저술했다. 그 밖의 저서로는 『홍범오행전론洪範五行傳論』, 『전국책戰國策』 등이 있다.

왕망의 등장

왕망王莽(BC.45 ~ AD. 23)은 태후 왕정군의 아우 가운데 일찍 죽어 유일하게 작위를 받지 못한 왕만의 둘째 아들이다. 왕망의 형 왕영王永은 일찍 죽었다. 백부, 숙부와 그 식솔들이 호사스럽게 살고 있는 가운데 왕망의 집은 불우했다. 왕망은 유가 진참陳參에게서 『예경禮經』을 배웠는데, 진참은 학업에 정진하는 왕망을 보고 자주 주위 사람들에게 "왕망은 장차 큰 인물이 될 거네"라고 칭찬했다.

학업을 마친 왕망은 돌아와 모친과 과부인 형수를 모시고 어린 조카인 왕광王光을 키웠다. 행동이 조신하고 박학한 왕망은 명사와 젊은 인재들과 폭넓게 교류해 좋은 평판을 얻었다.

양삭 3년(BC.22) 백부인 왕봉이 병석에 눕자 수개월 동안 정성껏 간병했다. 왕봉은 죽기 전에 태후와 성제에게 왕망을 부탁했다. 이에 왕망은 낭관의 하나인 황문랑黃門郎이 되었다. 얼마 후 활을 잘 쏘는 병사를 관리하는 무관인 사성교위射聲校尉가 되었다. 이때 왕망의 나이 24

세웠다.

　드디어 관도官途(벼슬길)에 오른 왕망은 때를 기다리며 공손한 모습을 보였다. 당시 외척 왕씨를 비롯한 지배 계층의 사치는 극에 달해 복식이나 장신구가 황제와 구별하기 어려운 자가 많았고 처첩을 100명이나 거느린 자도 있었다. 이런 상황에서 왕망이 근검절약하는 유생의 이미지를 보이니 그의 명망은 높아만 갔다.

　당대의 명사들은 왕망을 이질다고 칭송했는데, 숙부인 성도후 왕상은 자신의 봉읍을 떼어 왕망에게 주라고 성제에게 상주했다. 영시永始 원년(BC.16) 성제는 이미 죽은 왕망의 부친 왕만을 신도후新都侯로 추증하고 왕망이 이를 이어받는 형식으로 왕망을 열후에 봉했다. 신도후의 봉읍은 남양군南陽郡 신야현新野縣의 향鄉으로 1천5백 호였다. 왕망은 신도후로 봉해짐과 동시에 기도위騎都尉·광록대부光祿大夫·시중侍中으로 임명되어 궁정의 숙위를 맡게 되었다.

　왕망은 관직과 작위가 높아질수록 겸손하고 조심하는 모습을 보였다. 자신의 마차와 말, 의복을 내어 빈객들에게 주었고 집 안에 여분의 재물을 쌓아놓지 않았다. 또한 형편이 어려운 명사들을 빈객으로 거두어 부양했으며 조정의 장군, 승상 등 고관과 친교를 맺었다. 왕망의 명성은 나날이 높아져 숙부들을 압도했다.

　왕망은 조카 왕광이 박사의 문하에서 학문을 익히도록 배려했다. 왕망은 궁에서 휴가를 나오면 쇠고기와 양고기, 술을 가득 실은 수레를 끌고 왕광의 스승을 찾았다. 왕광과 동문수학하는 이들에게도 선물을 주었다. 조카 왕광은 왕망의 장남 왕우王宇보다 나이가 어렸지만 왕망은 두 아이를 같은 날 혼인시켰다. 축하하러 온 손님들이 대청을 가득 채웠다. 한 사람이 자신의 모친이 병으로 아프다고 말하자 왕망은 몇 번이나 그 손님의 어머니를 찾아가 병세를 살폈다.

왕망은 몰래 시비侍婢를 사서 곁에 두었는데, 사촌 동생들이 알고는 말이 많았다. 이에 왕망은 "후장군後將軍 주자원朱子元이 아들이 없다. 나는 이를 듣고 그를 위해 아들을 낳아줄 여자를 산 것이다"라고 변명했다. 그리고 그날로 그 시비를 주자원에게 보냈다. 왕망이 명성을 유지하려고 애쓰는 것이 이와 같았다.

왕망에게는 강력한 경쟁자가 있었으니 고종 사촌 순우장淳于長이었다. 순우장은 태후 왕정군의 언니로 왕망의 고모인 왕군협의 아들이다. 순우장은 왕망과 마찬가지로 왕봉을 간병해서 신임을 얻어 왕망과 동시에 황문랑이 되었는데, 먼저 승진해 수형도위水衡都尉가 되었다. 수형도위는 무제 때 신설된 관청으로 소부와 더불어 황실 재정을 맡았는데 화폐를 주조했다.

이때 성제는 후궁 조비연趙飛燕을 황후로 삼고 싶었으나 태후 왕정군이 출신이 미천하다고 해 반대하고 있었다. 성제의 첫 황후는 허許씨로 선제의 첫 황후이자 원제의 생모인 허평군의 질녀였다. 원제는 독살당한 어머니를 그리워해 외가인 허씨로부터 며느리를 얻었다.

성제가 즉위하자 태자비 허씨는 황후가 되었다. 성제와 허 황후는 금슬은 좋았으나 아이가 없었다. 성제가 총애하는 후궁 반班씨도 아이를 낳지 못했다. 후사가 없는 것이 걱정이 된 태후 왕정군은 성제에게 후궁을 더 두라고 했으나 역시 아이를 얻지 못했다.

홍가鴻嘉 2년(BC.19) 무렵 성제는 몰래 양아공주陽阿公主 집을 방문했는데 — 양아공주는 선제 또는 원제의 딸로 추정된다 — 양아공주의 가기家妓로 가냘픈 몸매에 가무歌舞에 뛰어난 조비연에게 첫눈에 반해 궁궐로 데려왔다. 곧 조비연의 쌍둥이 동생 조합덕趙合德도 궁으로 들였다. 조비연과 조합덕은 출생이 애매한데 관노 조임趙臨이 입양해서 키웠다. 조비연은 본명이 조의주趙宜主인데 춤을 잘 추어 '날으는 제비'라는 뜻의 별명 비연飛燕으로 불렸다.

조비연과 조합덕은 허 황후와 후궁 반씨를 능가하는 총애를 입었다. 홍가 3년(BC.18) 조비연 자매는 허 황후와 반씨가 무고巫蠱하고 있다고 참소해 황후가 폐위되었다. 무고 혐의를 벗은 반씨는 목숨이 위태롭다고 여겨 자청해 태후 왕정군의 시녀가 되었다.

성제는 조비연을 황후로 세우고 싶었으나 태후의 반대를 극복해야 했다. 이에 시중侍中 순우장이 태후 왕정군을 설득해 조비연은 영시 원년(BC.16) 여름 황후가 될 수 있었다. 이 일로 순우장은 성제에게 가장 신임을 받게 되었다. 그러나 조비연 자매도 성제의 아이를 낳지 못했다. 성제가 자식이 없자 민간에 다음과 같은 가요가 유행했다.

계수나무의 꽃이 열매를 맺지 못했는데 황작黃雀(꾀꼬리)이 그 꼭대기에 둥지를 틀었네.
과거에는 사람들이 선망하였지만 지금은 사람들이 가련히 여기네.

계수나무는 붉은색이므로 한 왕실의 상징이었다. 한 고조 유방이 적제赤帝(오제의 하나로 남방의 신)의 아들이라는 설이 초한 쟁패 시부터 널리 퍼졌다. 계수나무의 꽃이 열매를 맺지 못한다는 것은 후사가 없음을 은유했다. 당시 사람들은 생명력의 지표로 자손의 생산을 극히 중요시했는데, 이 가요는 한 왕실의 쇠망을 어쩔 수 없는 것으로 보는 민심을 반영하는 것이었다.

성제가 자식을 낳을 가망이 없다고 보고 태후 왕정군은 성제의 조카인 정도왕定陶王 유흔劉欣과 성제의 배다른 아우인 중산왕中山王 유흥劉興 중 한 사람을 태자로 삼으려 했다. 성제도 이에 동의했다. 유흔은 원제의 2자 유강의 아들이다. 유흥은 원제 치세에 신도왕으로 봉해졌으나 성제는 중산왕으로 봉했다. 원연元延 4년(BC.9) 유흔과 유흥은 궁중에 들어와 성제와 면접했다. 유흔은 『시경』을 암송해 성제에게 호감을 주었다. 원제의 후궁이었고 유흔의 할머니인 부傅씨는 조 황후 자매와 대사마·대장군 왕근에게 뇌물을 주었다.

순화綏和 원년(BC.8) 2월 유흔이 태자로 책봉되었다.

이 무렵 대사마·대장군 왕근의 건강이 몹시 나빠졌다. 왕근이 은퇴하면 대사마·대장군 자리의 가장 유력한 후보는 순우장이었다. 왕망은 순우장을 실각시키려 비밀리에 순우장을 조사했다. 왕망은 왕근을 간병하면서 순우장이 왕근의 자리를 대신할 수 있게 되었다며 기뻐한다고 참소했다. 또한 순우장이 폐위된 허 황후의 언니와 사통했으며 허 황후를 희롱했다고 말했다. 이에 왕근은 왕망이 태후에게 직접 고하라고 했다. 태후는 왕망의 말을 듣고 크게 노해 순우장을 파직시켰다. 이에 허 황후가 황후로 복위할 수 있도록 힘써 달라고 순우장에게 뇌물을 주었다는 보고가 성제에게 들어왔다. 순우장을 신임하던 성제도 순우장을 대역죄로 다스려 옥중에서 자결하도록 했다. 순우장과 연좌되어 홍양후紅陽侯 왕립王立도 면직되고 자신의 봉국으로 쫓겨 갔다.

순우장의 옥사 사건은 의심스러운 점이 많았다. 이에 대사마·대장군 왕근이 오랜 지병으로 물러날 것을 성제에게 상서上書했는데, 후임으로 왕망을 천거했다. 이로써 외척 왕씨 5인이 대사마·대장군 직을 연이어 맡게 되었다.

왕망은 대사마·대장군이 되었어도 방종하지 않았다. 많은 현량에게 관직을 주고 봉읍에서 나온 수입을 모두 선비들에게 나누어주었다. 그러면서 자신은 더욱 절약하고 검소하게 생활했다. 왕망의 모친이 병에 걸리자 공경대신과 열후들이 부인을 보내어 문병했다. 왕망의 처가 그들을 맞이했는데, 바닥에 끌리지 않는 짧은 옷과 광목으로 만든 앞치마를 두르고 있었다. 부인들은 그녀를 하녀로 알았는데, 왕망의 처라는 것을 알고 모두 놀랐다.

왕망의 하야와 재기

왕망이 대사마·대장군이 되어 성제를 보정輔政한 지 1년 정도 지난 순화 2년(BC.7) 3월 성제가 갑작스레 사망했다. 평소 건강하고 질병도 없었으므로 그의 죽음을 놓고 말이 많았다. 후궁 조합덕이 준 미약媚藥 때문이라는 소문도 있었다. 조합덕은 처벌이 두려워 자살했다.

4월 태자 유흔이 20세의 나이로 즉위하니 그의 시호는 애제哀帝이다. 태후 왕정군은 태황태후가 되었고 황후 조비연은 황태후가 되었다.

6월 애제는 토지 소유와 노비 소유에 상한선을 두는, 다시 말해 재산에 상한을 두는 획기적인 개혁안을 반포했다. 내용은 다음과 같다.

제후왕과 열후는 봉국 내에서만 토지를 소유할 수 있고, 수도 장안에 살고 있는 열후와 공주는 현에서 토지를 소유하는 것을 인정한다. 관내후關內侯(열후보다 한 등급 낮은 작위) 이하 서민에 이르기까지는 소유할 수 있는 토지 면적을 30경頃(137 헥타르)으로 제한한다. 소유할 수 있는 노비 수도 제후왕은 200명까지, 열후와 공주는 100명까지, 관내후 이하는 30명까지로 한다. 60세 이상과 10세 이하의 노비는 여기에서 제외한다. 상인은 토지를 소유할 수 없고 관리가 될 수 없다. 이 조칙을 위반한 자는 율律로 처단하고 규정을 넘는 토지나 노비를 소유할 경우 국가에서 몰수한다. 이 조칙은 3년 후 시행한다.

진 제국과 달리 경제적 자유방임을 택한 한 제국에서는 점차 갈수록 토지 소유의 격차가 커져 이미 한 무제 치세에는 심각한 사회문제가 되었다. 당대의 명유 동중서는 "부자의 땅은 천맥阡陌을 잇고 가난한 자는 송곳 꽂을 땅도 없다"고 표현하고 토지 소유에 상한선을 두자는 한전법限田法을 주장했다. 당시 소작료는 수확량의 2분의 1이었다.

애제가 한전법을 발표하자 토지와 노비의 가격이 폭락했다. 그러나 애제의 외척과 지방 호족 등 당시의 대토지 소유자들이 반대해 결국 실시하지 못했다.

애제가 즉위한 지 몇 개월 지나지 않아 왕망은 애제의 조모 부씨와 충돌해 대사마·대장군 직에서 물러났다. 이후 부씨 일족이 새로운 외척 세력으로 대두했고 왕씨는 권세를 잃었다.

건평建平 2년(BC.5) 4월 애제는 조모인 부씨를 제태태후帝太太后로, 모친 정丁씨를 제태후帝太后로 봉했다. 이는 상당히 변칙적인 명칭이었는데, 이로써 태황태후 왕정군, 황태후 조비연 등 애제 당대에 태후가 4인이나 되는 기이한 상황이 되었다. — 한 제국에서 태후의 위상은 중국의 어느 왕조보다 높았다. 황제마저도 태후 앞에서는 자신을 '짐朕'이라 하지 못하고 '신臣'이라 했다. 그리고 왕망은 애제의 명령으로 자신의 봉국으로 추방되었다.

왕망은 봉국인 신야현에서 근신하며 지냈다. 왕망의 차남 왕획王獲이 집안의 노비를 죽인 일이 있었다. 왕망은 왕획을 자결하도록 해 근엄함을 보였다.

애제는 즉위 초에 큰 기대를 모았으나 우유부단해 한전법 등 필요한 개혁 조치를 입안하고도 실행하지 않았다. 이러한 가운데 BC.4년부터 하급 관리인 동현董賢과 동성애 관계에 들어갔다.

원수元壽 원년(BC.1) 정월 제태태후 부씨가 세상을 떠났다. 이해에 일식이 있었는데 이는 현자 왕망이 억울하게 추방된 때문이라는 말이 있어 애제는 왕망을 장안으로 불러들였다.

원수 2년(BC.1) 5월 애제는 동현을 대사마로 삼았다. 이때 동현의 나이 겨우 22세였다. 6월 애제가 26세의 나이로 자식 없이 사망했다. 애제가 죽자 태황태후인 왕정군은 즉시 궁중으로 왕망을 불러 병권을 장악하도록 했다. 다음 날 태황태후는 대사마 동현을 면직시켰는데, 동현은 당일로 처와 함께 자살했다.

태황태후는 왕망을 대사마·영상서사로 삼았다. 왕망은 서둘러 애제의 외척 세력을 제거했다. 애제의 황후 부傅씨는 거만하고 예법을 어겼다는 이유로, 조비연은 성제의 황자를 모해했다는 이유로 서인庶人으로 폐했다. ― 조비연은 부 황후와 사이가 좋았다. 두 사람은 곧 자살했다. 그리고 평제의 외가가 힘을 쓰지 못하도록 평제의 생모 위희衛姬와 그 일족을 중산국에 머물게 해 장안으로 오지 못하게 했다.

왕망은 그와 친한 종제從弟인 왕순王舜(왕음의 아들)과 왕읍王邑(왕상의 아들)을 중용해 심복으로 삼았다. 유향의 막내아들 유흠劉歆도 왕망의 측근이 되어 왕망 집단의 이론적 지도자가 되었다. 왕망에게 순종하는 사람은 발탁되고 거스르는 자는 모두 물러났다. 왕망은 엄숙한 모습을 보였지만 속으로 원하는 바를 미미하게 드러냈고, 측근이 눈치를 채어 상주하면 거부하는 척하다가 뜻을 이루었다.

태황태후와 왕망은 논의해 9월 중산왕 유흥의 아들인 9세의 유기자劉箕子를 새로이 황제로 세웠다. 그의 시호는 평제平帝이다. 평제가 나이 어리므로 태황태후가 임조칭제臨朝稱制(황제 대신에 조의에 임하고 조칙을 냄. 즉 황제권을 행사함)했다. 태황태후는 나이가 72세나 되어 왕망에게 국정을 일임했다.

선양으로 황제가 될 뜻을 품은 왕망은 일련의 상징조작을 했다.

원시元始 원년(AD. 1) 정월 남방의 먼 나라인 월상지越裳氏의 사신이 와서 백치白雉(흰 꿩) 한 마리와 흑치黑雉(검은 꿩) 두 마리를 헌상했다. 이는 주나라 성왕成王의 고사를 모방해 왕망이 꾸민 일이었다. 왕망을 따르는 신료들이 왕망의 공덕을 칭송해 말했다.

주周의 성왕 시절에 백치가 이르게 한 상서로운 일이 일어나자 주공周公이 살아 있는데도 주를 위탁하는 호칭을 주었으니, 왕망에게도 마땅히 안한공安漢公이라는 작위를 내리고 호구 수를 더 늘려주어 작위에 맞도록 하여야 합니다.

이에 태황태후는 왕망에게 안한공安漢公 작위를 주었다. 안한공은 '한나라를 평안히 하는 공公'이란 뜻인데 주나라의 기틀을 닦은 주공 희단의 일을 모방한 것이었다. 주공은 형인 무왕이 일찍 죽어 어려서 즉위한 조카 성왕을 보필한 인물이다.

안한공이 된 왕망은 유가에서 유학의 개조開祖로 숭상하는 주공과 공자의 후예를 열후로 봉해 두 성인의 제사를 받들게 했다. 동시에 공자를 포성선니공褒成宣尼公으로 추시追謚(사후에 시호를 줌)했다.

원시 2년(AD. 2)에는 남해의 황지국黃支國에서 코뿔소를 헌상했다. 이 역시 왕망의 공작이었다. 왕망의 측근들은 왕망의 덕에 감화되어 일어난 일이라 선전했다. 이해에 청주靑州(현재의 산동성)에 벼메뚜기가 창궐해 피해가 크자 왕망은 조세 감면과 빈민 구제책을 발표해 명망을 높였다. 스스로 자신의 재산 가운데 전답 30경頃과 돈 1백만 전을 내놓아 이재민을 구휼하도록 했다. 홍수나 가뭄 등 자연재해가 나면 왕망은 채식만 하고 고기나 생선은 입에 대지 않았다. 이에 태황태후는 왕망에게 나라를 위해 건강을 지켜야 하니 고기를 먹으라는 명을 내렸다.

원시 3년(AD. 3) 왕망은 자신의 딸을 평제의 황후로 간택 받도록 했다. 왕망은 또한 종실과 개국공신들의 후손을 대대적으로 포상해 이들의 지지를 얻었다.

왕망은 예제禮制와 학제學制 개혁을 했다. 유흠 등에게 혼례 제도를 검토하게 해 새로운 제도를 시행하고 복식服飾도 고쳤다. 학관學官을 두어 군현과 향취鄕聚에까지 전국 곳곳에 교육기관을 설치했는데, 군이나 국에 설치된 것을 학學, 현에 설치된 것을 교校, 향에 설치된 것을 상

庠, 취락에 설치된 것을 서序라 했다. 학과 교에는 5경을 가르치는 경사經師를 1명씩 두었고, 상과 서에는 『효경』을 가르치는 효경사孝經師를 1명씩 배치해 서민을 교육하도록 했다. 이를 통해 유교는 모든 계층과 지방으로 침투했다.

이해에 왕망이 평제의 외척을 대대적으로 숙청한 사건이 일어났다.

처음 왕망의 장남 왕우王宇는 평제기 생모 위씨를 보지 못하도록 하는 것은 도리가 아니라고 보고 건의했지만 왕망은 듣지 않았다. 왕우는 평제가 장성하면 가문이 피해를 입을까 두려워해 위씨 가문과 개인적으로 교류했다. 왕우는 스승인 명유名儒 오장吳章, 처남 여관呂寬과 상의했는데, 오장은 왕망을 설득할 수 없으나 왕망이 귀신을 믿으니 변괴變怪한 일을 만들면 왕망이 생각을 바꿀 것이라고 말했다.

이에 왕우는 여관으로 하여금 밤중에 왕망의 집에 피를 뿌리게 했는데, 발각되어 왕우는 투옥되었다. 왕망은 이 사건을 기화로 평제의 외척 위씨 가문을 멸족시키고 반대 세력을 일소하려 했다. 먼저 사건의 진상을 누구보다 잘 아는 자신의 아들 왕우을 독살했다. 왕망은 위씨 가문에서 오직 평제의 생모 위씨만 살려주었다. 왕망은 평소 싫어하던 사람들을 모두 이 사건에 끌어다 붙여 주살했는데, 죽은 사람이 수백 명이나 되었다. 왕망의 압박에 원제의 여동생인 경무 장공주敬武長公主, 왕망의 숙부인 홍양후 왕립, 왕망의 조카인 평아후平阿侯 왕인王仁(왕담의 아들)이 모두 자살했다. 경무 장공주는 정씨, 부씨와 가까웠고 평소 왕망의 독주를 비난했다. 왕립과 왕인은 품성이 강직해 왕망이 싫어했다. 왕망은 태황태후에게 경무 장공주가 병으로 갑자기 죽었다고 속였다. 왕망은 임신 중인 며느리 왕우의 처 여언呂焉을 투옥했는데, 출산을 하자 처형했다. 왕망은 이로써 멸친봉공滅親奉公했다고 선전할 수 있었다. 왕망은 자신이 대의를 실현하기 위해 사적인 정에 연연하지 않고 친아들까지 죽였다는 내용의 서찰을 써서 전국의 학관에 보냈다. 이 사건으로 왕망의 반대파는 사라졌다.

북해北海(현재의 산동성 창락昌樂현) 사람 봉맹逢萌은 친구에게 이렇게 말했다.

삼강三綱이 이미 끊어졌으니 떠나지 않으면 화가 장차 이를 것이다.

유교 윤리로 보면 왕망이 숙부를 죽인 것은 불효이고, 아들을 죽인 것은 자애롭지 못한 것이며, 황제의 고모할머니와 정직한 인사들을 죽인 것은 국가에 불충한 것이었다.

참위설讖緯說

참위설은 자연의 변화를 설명하는 음양오행설에 기초해 미래를 예언하는 것으로 전한과 후한에서 크게 유행했다.
참讖과 위緯는 본래 별개의 개념이었다.

'참'은 하늘에서 내려졌다고 하는 예언으로 부명符命(하늘이 제왕이 될 인물을 알리는 글)이나 부도符圖(하늘의 뜻을 나타내는 그림) 형식으로 출현한다고 했다.

'위'는 유교의 경전에 대응해 전한 말기부터 후한에 걸쳐 지어진 책이다. 경전의 문장이 너무 간략하고 함축적이어서 진리의 대강만을 설명하고 있으므로 이를 설명하기 위해 나타났다고 했다. 시위詩緯, 서위書緯, 역위易緯, 예위禮緯, 춘추위春秋緯 등이 있었는데 음양오행설·천문역수天文曆數 등의 지식으로 경서를 해석해 길흉화복 등의 예언을 했다. 후에 금서가 되어 일부만 전해진다.

신나라 건국

원시 4년(AD. 4) 왕망의 딸이 정식으로 황후로 봉해졌다. 경축하고자 왕망은 유흠 등 심복인 관료 8인을 보내어 전국의 민심과 풍속을 살피게 했다. 장안으로 돌아온 이들은 천하가 무사하다는 보고를 올렸는데, 인민이 왕망을 찬양하는 노래를 4만 수나 지었다고 했다.

이해에 왕망은 유생들을 위해 전국에 1만여 채의 건물을 지어 우대하고 특이한 재능을 가진 선비 1천 명에게 자리를 주었다. 이로써 당대의 독서인들은 대부분 왕망을 지지하게 되었다.

유가 관료나 독서인에게 가장 중요한 것은 관직에서 얻는 이익이었다. 이는 유교적 국가 질서가 온존해야 지킬 수 있는 것이었다. 한 왕조의 수명이 다했다는 믿음이 널리 퍼진 가운데 '유덕자有德者' 노릇을 하고 관료에게 잦은 포상을 하는 왕망은 그들의 기득권을 유지해줄 희망이었다. 왕망은 소외된 종실 인사에도 봉작封爵을 주어 자신을 지지하게 했다.

이해에 왕망은 새로이 중시된 유교 경전『주례周禮』에 따라 구석九錫을 받았다. 구석은 천자가 공훈이 큰 신하에게 하사하는 9종류의 은전恩典이다. 곧 거마車馬·의복衣服·악기樂器·주호朱戶·납폐納陛(중폐中陛[계단 중간]로 올라갈 수 있는 특권)·호분虎賁(종자從者)·궁시弓矢·부월斧鉞·거창秬鬯(검은 기장과 향초香草를 섞어 빚은 술)이다.

왕망은 최초로 구석을 하사받았는데, 이후 구석을 받는 것은 선양 과정에서 필수불가결한 일이 되었다.

원시 5년(AD. 5) 12월 납일臘日(민간이나 왕실에서 조상이나 종묘에 제사 지내는 날로 동지 이후의 세 번째 술일戌日이다)에 14세의 평제는 왕망이 헌상한 독주를 마시고 급사했다. 평제가 성장함에 따라 왕망이 생모를 유폐하고 외가를 멸족한 것을 알게 되자 왕망이 손을 쓴 것이다. 왕망은 평제가 중독되어 사경을 헤매자 자신이 평제 대신 병의 고통을 당하게 해달라고 축원하기까지 했다.

같은 달 사효謝囂란 자가 다음과 같이 상주했다.

무공현武功縣의 현장縣長 맹통孟通이 우물을 파다가 흰 돌을 얻었는데, 위는 둥글고 아래는 네모나며 붉은 글자가 돌에 붙어 있었습니다. 그 글은 "안한공 (왕)망이 황제가 되라고 고한다[告安漢公莽爲皇帝]" 하였습니다.

이는 참위설讖緯說의 부명符命이었다. 부명은 하늘의 뜻으로 당시에는 절대적인 권위를 지녔다. 이 일은 왕망이 기획한 것이었다. 왕망은 대신들에게 태황태후한테 고하라고 했다. 처음 태황태후 왕정군은 이를 속임수라 규정했으나 결국 인정했다. 이를 기화로 왕망은 스스로 가황제假皇帝라 칭하고 관료와 백성에게는 섭황제攝皇帝라 부르게 했다. 그리고 다음 해를 거섭居攝 원년(AD. 6)으로 개원했다.

평제의 후계자를 결정함에 있어 왕망은 장성한 선제宣帝의 증손들을 제치고 나이 어린 현손玄孫(손자의 손자) 23명 가운데 2세의 유영劉嬰을 선택했다. 유영은 황제가 아닌 황태자가 되었다.

이제 누가 보기에도 왕망이 새 왕조를 열 것이라는 것은 명확해졌다. 대부분의 사람들이 그가 행한 민생 안정책이나 예제 개혁을 보고 앞날에 희망을 품었다. 그러나 한 왕조를 지키려는 시도도 있었다.

거섭 원년 4월 종실인 안중후安衆侯 유숭劉崇이 군사를 일으켰다. 이는 손쉽게 진압되었다. 거섭 2년(AD. 7) 9월 동군東郡(현재의 하남성 복양현) 태수 적의翟義가 평제가 독살 당했다는 여론을 부추기며 거병했다. 적의는 성제 치세에 승상이었던 적방진翟方進의 아들인데 종실인 엄향후嚴鄕侯 유신劉信을 천자로 세웠다. 적의의 거병에 10여 만 민중이 따르니 왕망은 몹시 불안해했다. 왕망은 관료와 종실이 자신을 지지하도록 포섭했는데, 그 일원이 군사를 일으킨 것은 왕망의 지지 기반에 치명타를 줄 수 있는 일이었다.

왕망은 종실과 관료를 대상으로 주공의 고사를 모방해 대고大誥를 반포했다. 대고는 '선언한다'는 뜻인데, 주공은 관숙管叔과 채숙蔡叔의 반란을 진압하러 갈 때 대고를 지었다. 왕망이 발표한 대고의 내용은 섭황제 즉위의 불가피성을 역설한 것이었다. 이어 황태자 유영에게 황제 지위를 돌려주겠다고 했다. 12월 왕망은 적의의 군사를 진압했다.

적의를 진압한 왕망은 서둘러 선양을 꾀했다. 거섭 3년 7월(AD. 8년 9월) 신당辛當이란 자가 꿈을 꾸었는데, "섭황제는 마땅히 진황제가 되어야 한다[攝皇帝當爲眞皇帝]"는 하늘의 계시가 있었다고 했다. 11월 왕망은 이를 근거로 태황태후에게 황제 자리에 오르겠다고 상주했다. 상주문의 말미에는 유영이 성인이 되면 황제 자리에서 물러나겠다고 했다.

왕망이 황제 즉위식을 올리니 촉 지방에 사는 애장哀章이란 자가 재빨리 부명을 조작했다. 구리로 상자 2개를 만들어 천제天帝와 적제赤帝의 명령이 들어 있는 것처럼 표면에 쓰고 한 고조의 능에 갖다 놓았다. 그 안에는 "왕망이 진천자眞天子가 되어야 한다. 황태후는 천명에 따라야 한다[王莽爲眞天子 皇太后如天命]"는 글이 들어 있었다. 이에 왕망은 황제 즉위식을 가진 일주일 만에 천자 즉위식을 올렸다. 새로운 왕조의 국호는 신新이라 했다.

보통 황제와 천자는 동일한 것으로 알지만 차이가 있다. 천자는 천제天帝에 종속되고 천명을 받아서 권위가 주어지는 존재이다. 황제는 지상에 출현한 천제(상제上帝)이다. 황제 대관식은 실제로는 황제로 즉위하는 예와 천자로 즉위하는 예의 두 과정을 거친다.

태황태후의 수중에는 전국지새傳國之璽라 불리는 옥새가 있었다. 제위에 오른 왕망은 이를 회수하려 심복 왕순을 보냈다. 태황태후 왕정군은 왕순 등을 꾸짖어 말했다.

네 녀석들 부자父子와 종족은 한가漢家의 힘을 입어 여러 세대에 걸쳐 부귀를 누렸는데도 그 은혜에 보답한 것은 없고, 다른 사람의 고아孤兒 (어린 황태자 유영을 말함)를 부탁받고서 편리한 기회를 틈타 나라를 빼앗 으려 하고, 다시는 은혜와 의로움을 돌아보지 않는구나. 너희 같은 인간 이 먹고 남긴 음식은 개나 돼지도 먹지 않을 것인데, 천하에 어떻게 형 체마저 남겠는가.

또 네가 스스로 금궤의 부명을 가지고 신新의 황제를 만들고 정삭正朔 (책력冊曆. 새로 건국하면 정삭을 고쳐 신력新曆을 발표하는 것이 상례였음)과 복제服制를 바꾸었으니 역시 스스로 옥새를 다시 만들어 만세에 전하면 될 것이지, 이 망한 한나라의 상서롭지 못한 옥새를 무엇에 쓰려 구하려 하느냐. 나는 한가의 늙은 과부로 조석 간에 죽을 것이니 이 국새와 함 께 장사지내 달라. 어떻게 줄 수 있겠는가.

태황태후의 말에 주위 사람 모두가 눈물을 흘렸다. 왕순 역시 비통 해 하다가 한참 지나서 말했다.

신들은 이미 말씀을 드릴 것이 없습니다. 왕망은 반드시 전국새를 얻 으려 할 것이니 태후께서 어찌 끝까지 그에게 주지 않을 수 있겠습니까.

이에 태황태후는 전국새를 꺼내어 땅에 던지며 말했다.

나는 늙어서 이미 죽게 되었지만 우리 형제와 종족이 없어질 것을 알 겠다.

왕망은 이듬해에 시건국始建國이라 개원했다. 왕망은 연초에 유영을 안정공安定公으로 봉했는데, 봉하는 책서策書를 읽고는 유영의 손을 잡고 눈물을 흘리며 말했다.

옛날에 주공이 섭위攝位(임시로 군주의 지위를 차지함)하다가 끝내 아들(성왕)에게서 회복되어 군주임을 밝혔는데, 지금 나는 다만 황천皇天의 위엄 있는 명령의 압박을 받아 마음과 같이 할 수 없구나!

왕망은 어린 유영을 키우는 유모에게 말을 걸지 못하게 하고 좁은 방에 가두어 유영은 자라서 육축六畜(소·말·양·개·돼지·닭)의 이름도 모르게 되었다.

여론의 전폭적 지지를 받은 왕망의 선양은 무력으로 밀어붙인 후대의 가선양假禪讓, 즉 선양극禪讓劇에 비하면 '참된 선양'이라 할 수 있다. 기이하게도 민주 공화정 체제인 대한민국에서 1980년 여름 한국 역사상 처음이자 마지막으로 선양이 있었다. 육군 중장인 보안사령관 전두환은 통일주체국민회의 대통령 최규하로부터 선양 받았는데, 이는 이성계도 하지 못한 일이었다. 이성계는 고려의 마지막 국왕 공양왕에게 선양 받으려 했으나 뜻대로 되지 않자 태후의 조서를 위조해 공양왕을 폐출했다. 이후 권지국사權知國事로 국왕을 대행했는데, 명나라 황제 주원장의 책봉을 받은 후에야 정식으로 왕위에 올랐다.

전두환의 선양극은 대한민국의 민주 공화정이 얼마나 취약했는지, 전두환의 의식 수준이 어느 정도였는지 잘 보여주는 일이었다. 전두환의 언행을 살펴보면 '움막집 아이'가 매우 조악한 법가적 세계관을 가졌음을 알 수 있다. 어린 시절 생존에 급급했던 전두환이 법가적 세계관을 가지게 된 것은 필연은 아니지만 매우 확률이 높은 일임은 틀림없다. 칭기즈칸, 바부르, 누르하치 등은 어린 시절 생존에 급급했지만 위대한 군주가 되었다. 개인적 입신양명에만 몰두하지 않고 공익을 추구했던 이들은 비록 전근대사회의 인물이지만, 민의 지지가 권력의 기반임을 이해하고 민중의 소망과 의지를 잘 알았던 공통점이 있다.

주州

군 위에 있는 광역 행정구역으로 BC.106년 한 무제가 유주幽州·병주并州·기주冀州·청주青州·연주兗州·서주徐州·형주荊州·예주豫州·익주益州·량주涼州·양주揚州 등 13개 주를 설치한 것이 시초이다.

주의 수령은 자사刺史라 했다. 본래 주는 행정단위가 아니라 감찰단위였으나 광역 행정의 필요성이 더욱 커짐으로써 점차 군의 상급 행정기관으로 성격이 변했다. 이에 따라 주의 수령 명칭이 자사에서 목牧으로 바뀌었다.

왕망의 정치

왕망은 황제가 되자마자 관제官制와 관청의 명칭을 대폭 고쳤다. 지방관
의 이름도 바꾸니 태수는 대윤大尹으로, 현령은 현재縣宰로 변경했다.

행정구역도 늘려 평제 때의 13주·83군·20국·1,576현을, 9주·
125군·2,303현으로 했다. 이는 벼슬자리를 많이 만들기 위함이었다.

이해 왕망은 새로운 토지·노비 정책과 화폐 정책을 발표했다. 왕망
의 토지·노비 정책은 다음과 같았다.

1. 전국의 농경지를 왕전王田이라 부르고, 노비를 사속私屬으로 개
명하며 둘 다 매매를 금지한다.

2. 각 호戶의 남자 수가 8명 이하이고 그 소유한 토지의 면적이 1정井
(4.1 헥타르)을 초과할 경우에는 초과분을 친족, 이웃하는 리里, 향당鄉堂
에 나누어준다.

3. 이전에 소유한 토지가 없다가 이 법령에 의해 토지를 지급받은

자는 제한을 초과해서 받을 수 없다

    4. 이 법령을 비난하고 무시하는 자는 변방으로 유배시킨다.

    토지 정책과 더불어 새로이 무게 1수의 소전小錢을 주조하고 오수전, 계도契刀, 착도錯刀의 주조와 유통을 중지시켰다. 이미 왕망은 가황제 시절인 거섭 2년(AD. 7) 새로이 대전大錢, 계도, 착도라는 세 가지 종류의 고액 신종 화폐를 만들어 오수전과 더불어 유통시켰다. 대전은 오수전의 50배, 계도는 오수전의 500배, 착도는 오수전의 5,000배 가치였다.

    화폐 개혁을 한 이유는 오수전이 한나라의 통화이기 때문인데 계도와 착도 폐지는 그 이유가 과연 미신에 집착하는 왕망다웠다. 계도, 착도의 도刀가 한 왕실의 유劉씨 성씨와 관련이 있다는 것이었다. '劉' 자는 묘卯, 금金, 도刀 세 문자가 합성된 것이므로 '刀'는 한 왕조를 가리키기 때문이라는 것이다. 이는 찬탈자로서의 왕망이 심리적으로 불안해했음을 잘 보여주는 일이었다.

    오수전 하나만 유통되다가 고액 화폐가 유통되니 화폐를 사조私造하는 이익이 커졌다. 광범위한 위조 화폐의 제조와 유통으로 상거래가 제대로 이루어지지 않게 되는 등 부작용이 커져만 갔다. 왕망은 화폐 위조 사범을 사형에 처했으나 줄어들지 않자 처벌을 완화해서 관노비로 삼거나 변방으로 유배하기도 했다. 왕망은 여러 차례 화폐 정책을 바꾸었으나 사회 혼란을 유발하고 민생만 어렵게 했다.

    왕망의 토지·노비 정책은 현실을 이해하지 못한 무모한 조치였다.

토지를 소유한 대지주, 중소지주, 자작농 모두가 자신의 소중한 재산인 토지 몰수에 반대했다. 이들의 저항으로 토지 확보는 불가능했고 토지를 얻게 되었다고 기뻐한 토지 없는 농민들은 왕망에게 속았다고 불만이 커져갔다. '노비 해방'도 오히려 크나큰 사회문제가 되었다. 노비에서 해방되어도 토지가 없으니 생계가 더 막막해졌다. 왕망은 자신의 토지·노비 정책을 위반하는 자는 관노로 만들고는 죄를 범해 노비가 된 것은 인과응보라 주장하는 자기모순을 보였다. 결국 왕망은 3년 후 이 정책을 포기했다.

다음 해인 시건국 2년(AD. 10) 왕망은 강력한 상공업 통제정책인 육관六管·오균五均 제도를 실시했다.

육관은 소금·철·술·화폐·산림천택山林川澤·물가 조절, 여섯 가지를 모두 국가 독점으로 관리하는 것이었다. 육관은 시행하자마자 관리들이 재산을 늘리고 백성을 속이는 방편이 되었다. 수입을 늘리기 위해 담당 관리들은 여러 가지 세수稅收 명목을 만들어 백성을 착취했다.

오균은 육관 가운데 물가 조절을 맡아 한 것이다. 수도 장안을 비롯해 낙양·임치·한단·완성·성도 등 6대 도시의 관설 시장에 오균관五均官이라는 관직을 두어 곡물이나 포백 등의 판매 가격을 통제했다. 사계절마다 상품의 표준가격을 정해 시가가 표준가격보다 오르면 정부가 보유한 물자를 방출해 급등을 막고, 시가가 표준가격보다 하락하면 민간 매매에 맡겨 팔고 남은 것을 정부가 사들이도록 했다.

오균관은 대부분 대상인이 되었는데, 이들은 직권을 악용해 물가를 올리고 매점해 개인적으로 치부했다.

왕망이 개혁이라고 실시한 각종 정책은 기대했던 효과를 보지 못하고 백성에게 피해만 주었는데, 이는 그가 관료와 지식인의 사익을 보장해 그 지지를 얻어 제위에 오른 것과 깊은 관련이 있었다. 당연히 왕망은 부패한 한나라의 관료를 신진 인사로 물갈이하지 못했다.

아무리 좋은 군사작전이나 국가정책도 집행(실천)을 제대로 하지 못하면 오히려 역효과가 나는 법이다. 부패한 관료들은 (개혁) 정책 집행 과정에서 온갖 부정을 저질러 사적 이익을 챙겼다. 왕망은 지지 기반인 그들의 사익을 계속해서 보장해주어야 했으므로 실질적인 개혁 조치는 할 수가 없었던 것이다.

대외 정책도 엉망이었다.

『예기』에 나오는 "하늘에는 두 태양이 없고[天無二日] 지상에는 두 임금이 없다[土無二王]"는 말을 신봉한 왕망은 사이四夷의 군장을 모두 왕이 아닌 후로 격하시켰다. 한 소제 때 왕 칭호를 받은 운남 지방의 구정왕鉤町王은 구정후鉤町侯가 되었고, 고구려왕高句麗王은 고구려후高句麗侯가 되었다.

주변의 이민족은 모두 이에 반발했는데, 특히 흉노의 반발이 컸다. 여기에다가 평제 원시 2년(AD. 2)에 한과 흉노가 체결한 약정이 문제가 되었다.

중국인으로 흉노로 망명하는 자, 오손인烏孫人으로 흉노에 망명하는 자, 한 왕조의 책봉을 받고 있는 서역 여러 나라 사람으로 흉노에 망명하는 자, 오환인烏桓人으로 흉노에 망명하는 자 등을 흉노는 받아들이지 않는다는 것이었다. 이 약정 때문에 흉노에 복속하던 오환 종족이 흉노에서 이반했다. 오환은 요하遼河의 지류인 노합하 유역에 거주하는 유목 부족이었다. 흉노는 오환을 공격해 다시 복속시켰다. 왕망이 흉노에 보낸 사신은 흉노가 포로로 잡은 오환인을 송환시키라고 요구했지만 흉노는 거절했다.

왕망은 선양 이전부터 사방의 이민족이 귀복歸復한다고 선전해 선양의 정당성을 과시했다. 흉노가 왕망의 권위를 무시한 것은 그의 정통성에 커다란 타격을 주는, 용납할 수 없는 일이었다. 그러므로 무리한 흉노 원정을 기획했다. 시건국 2년(AD. 10) 12월 12장군, 30만 대군을 출격해 흉노를 북방으로 멀리 몰아내려는 원정 계획을 하달했다. 이 소식을 들은 흉노의 선우는 중국 서북방을 습격, 약탈해 주민들에게 많은 피해를 입혔다.

왕망의 흉노 원정 계획에 장군 엄우嚴尤가 반대하는 상주문을 올렸다. 내용은 대략 다음과 같다.

주나라, 진나라, 한나라가 흉노를 정벌하였는데, 모두가 상책은 아니었습니다. 주나라는 중책을 썼고, 한나라는 하책을 갖고 있었고, 진나라는 대책이 없었습니다.

오늘날 천하는 액운을 만나 기근이 발생하였는데, 서북 변방은 더욱 심합니다. 30만 무리를 징발하고 300일분의 양식을 마련하려면 식량 조달 지역이 산동·강남에까지 미치고 그 준비에만 1년 기간이 필요합니다. 가장 먼저 전선에 도착한 군사는 피폐해지고 병기가 손상될 것입니다.

300일분 식량은 1인당 18곡斛인데, 식량을 운송하는 소 역시 20곡을 소비합니다. 게다가 흉노의 땅은 물과 풀이 부족하여 이전에도 동원된 소가 100일이 되지 않아 죽었습니다. 이리되면 식량은 있어도 운송이 불가능합니다.

흉노의 땅은 가을과 겨울이 매우 춥고 봄과 여름은 심한 바람이 불어 솥과 땔감을 많이 싸가지고 가야 하는데 그 무게를 병사들이 당해낼 수 없고, 마른 음식을 먹으면서 물을 마시는데 사계절을 보내면 병사들은 질병에 걸립니다. 이러하기 때문에 전대前代에서도 출전하면 100일을 넘기지 못했는데, 이는 형세와 힘이 어쩔 수 없기 때문입니다.

군수품을 운송하는 치중輜重 부대를 운용하면 경무장한 정예부대는 그 수가 줄어들고 급행군이 불가능해져 흉노를 추격할 수 없습니다. 험준한 곳에서 적의 공격을 받으면 앞뒤로 차단당하기 쉬워 위험이 너무 큽니다.

백성의 힘을 많이 동원하고도 반드시 공을 세운다고 할 수 없으니 신은 이를 걱정합니다. 지금 이미 병사를 동원하였으니, 신 엄우가 먼저 도착한 병사들을 지휘하여 깊이 들어가 번개처럼 공격하도록 허가해주십시오.

엄우는 대규모 병력 동원이 이로울 것이 없으니 소수 병력으로 기습하자고 상주한 것인데 왕망은 이를 받아들이지 않았다. 이 때문에 전국이 들썩거렸고 동원된 대군은 흉노 땅에 출격도 못하고 변방에서 세월을 보내다가 상당수가 죽었다. 내지에서는 징병을 피해 달아난 백성들이 도적이 되어 천하가 어지러워졌다. 이러는 동안 한나라 시절 중국에 복속되었던 서역의 여러 나라들이 반기를 들어 자립했다.

왕망은 흉노를 공격하러 고구려 군사를 동원하려 했다. 그러나 고구려는 오히려 중국의 요서 지방을 습격해 요서 대윤大尹(태수) 전담田譚을 죽였다. 왕망은 엄우에게 고구려 원정을 명령했다. 엄우는 고구려 장수 연비延丕를 전사시키는 전과를 올렸으나 고구려를 굴복시키지는 못했다. 엄우는 고구려 왕 추騶를 죽였다고 허위 보고했다.

요하遼河

요하는 만주 남부를 흐르는 강으로 길이는 1,430km다. 원류는 동서에 두 개가 있어 동요하와 서요하로 불린다. 동요하는 백두산에서 발원한다. 서요하는 다시 남과 북 둘로 나뉘어 북쪽의 흐름은 시라무렌강西拉木倫河[황수潢水]으로, 남쪽은 노합하老哈河로 불린다. 시라무렌은 내몽고의 동부에서 발원하고 노합하는 하북성의 광두산光頭山에서 발원한다. 시라무렌과 노합하는 내몽고의 개로開魯에서 합쳐져 서요하가 되고 요동 반도 북쪽의 삼강구三江口 부근에서 동요하와 합쳐져 여기서부터 요하라 불린다.

요하 이동에서 압록강 이북에 이르는 지역을 요동遼東이라 부르고
요하 이서에서 난하灤河 유역까지는 요서遼西라고 한다. 그러나 요동
이 요서까지 뜻하는 경우도 있다. 그리고 행정구역으로 요동이나 요
서보다 훨씬 협소한 요동군과 요서군이 있는데, '군郡'을 생략해서 쓰
는 것이 보통이므로 이를 요동, 요서 지역과 혼동하기 쉽다.

농민 봉기

천봉天鳳 4년(AD. 17) 여모呂母라는 여인이 무리를 이끌고 해곡현海曲縣
(현재의 산동성 일조현 서쪽)을 습격해 현재縣宰(현령)를 잡아 죽이고 그 머리
를 가지고 아들의 무덤 앞에서 제사를 지내는 사건이 일어났다.

  이는 3년 전인 천봉 원년(AD. 14) 아들이 사소한 죄로 해곡현 현재에
게 죽임을 당한 때문이었다. 여모는 양조업釀造業을 해 큰 재산이 있었
는데, 아들의 복수를 위해 칼을 사 모으고 술을 사러 오는 소년少年들에
게 외상으로 술을 주었고 가진 것이 하나도 없는 극빈 소년들에게는 옷
을 사 주었다. 본래 소년은 빈농의 자제로 백수건달인 젊은이들을 일컫
는 말이다. 소년은 다른 말로 악소배惡少輩라 한다. 고대 역사서에 쓰인
용어 소년은 대부분 악소배의 의미이다.

  수년간 소년들의 환심을 산 여모는 재산이 바닥이 났다. 여모의 곤
궁한 처지에 소년들은 외상 술값을 치르러 모여들었다. 여모는 눈물을
흘리며 아들의 억울한 죽음을 호소하고, 복수를 하는 데 도움을 줄 것

을 요청했다. 여모에게 은혜를 입었다고 느끼던 소년들은 도와줄 것을 맹세했다. 이들은 소년 수백 명을 끌어들여 해안가의 택지에 모였다. 여기에 수천 명의 망명자가 가담했다. 망명자는 빈궁해 농사를 지을 수 없어 고향을 떠나 정처 없이 떠돌아다니는 유민流民이다. 이 무렵 왕망의 실정과 연이은 가뭄 등의 자연재해가 중첩되어 망명자가 광범위하게 발생하고 있었다. 중국 역대 왕조는 농민의 향리 이탈을 엄금하고 이탈하면 가혹히 처벌했으나 농민들은 굶어죽을 지경에 이르면 이를 무시했다. 기민饑民들은 홀로 또는 떼를 지어 산과 들로 먹을 것을 찾아 헤매었고 식량 획득이 불가능할 경우 군도群盜가 되었다.

여모 집단은 복수에 성공하자 점령했던 현성縣城에서 물러나 본거지로 돌아갔다. 한 제국에서는 사적 복수를 인정했으므로 비록 황제가 임명한 지방관을 죽였어도 왕망은 여모 집단을 사면하고 해산시키는 것으로 끝내려 했다. 그러나 여모 집단은 해산하지 않고 세력을 유지했다.

천봉 5년(AD. 18) 정월 형주荊州의 목牧인 비흥費興이 황제인 왕망을 알현했는데 도적이 발생하는 원인과 그 해결책을 말했다.

형주와 양주揚州(현재의 강소성 남부에서 강서성에 이르는 지역)의 백성들은 대개 산택山澤에 의지하여 물고기를 잡고 소채蔬菜를 채취하는 것을 업으로 삼고 있습니다. 근래에 나라에서 육관을 펼치면서 산택에도 세금을 부과하여 백성의 이익을 빼앗고 연이어 몇 년 동안 가뭄이 들어 백성들은 굶주리고 궁색하니, 그래서 도적이 되었습니다. 저 비흥이 형주로 돌아가서 도적들에게 전리田里로 돌아가도록 분명히 밝히고 쟁기와

소, 종자와 식량을 대여해주고 세금을 너그럽게 하여주어 (저들이) 흩어져서 편안하게 살 수 있게 해주소서.

왕망은 오히려 화를 내며 비홍을 파면했다.

이해에 산동 지방 등 중국 동부에 기근이 나 곳곳에서 농민이 봉기했다. 왕망 정권의 실정으로 유망하는 농민이 모체가 되어 농민반란이 일어났는데, 대개 100명 정도의 소집단으로 시작해 상호 연락, 결집하니 그 수가 1년 안에 수만 명 규모로 커졌다. 이 가운데 낭야군 출신의 번숭樊崇을 지도자로 하는 집단이 급격히 성장해 수만을 헤아리게 되었다. 번숭은 스스로를 삼로三老라 칭했다. 장군이 아닌 향촌 지도자인 삼로를 칭한 것은 새로운 권력을 창출하려는 의도가 없다는 것을 의미했다. 이에 비해 장군은 황제의 상벌권을 위임받아 절대 권력을 행사하는 존재이므로 장군을 칭하는 것 자체가 새로운 권력을 세우겠다는 반란 선언이 된다.

이 무렵 남방의 형주에서도 농민반란이 일어났다.

천봉 6년(AD. 19) 왕망은 탐탕후探湯侯 전황田況에게 번숭 집단을 진압하라 했지만 전황은 이기지 못했다. 번숭 등 여러 농민 봉기군 집단은 서주와 청주 방면으로 돌아다니며 약탈을 했다. 굶주린 이들은 사람을 사냥해서 식인食人도 자주 하고 시체도 뜯어먹었다.

지황地皇 원년(AD. 20) 강하군江夏郡 운두현雲杜縣 녹림산綠林山을 중심으로 농민반란이 일어났는데 이들을 녹림병綠林兵이라 했다. 지도자는 남양군 신시新市 출신의 왕광王匡, 왕봉王鳳 그리고 남군南郡의 장패

張覇, 강하군의 양목羊牧 등이었다. 처음 녹림병은 수백 명 규모였지만 수개월 만에 7~8천으로 불어났다.

이해 가을 왕망은 만세불패萬世不敗의 왕업王業을 천하에 과시하기 위해 조상의 종묘를 짓기 시작했다. 비용이 수백억 전이 들고 건축 과정에 수만 명이 사고로 죽을 정도로 엄청난 규모의 공사였다. 왕망은 즉위 직후 천하의 안정을 위한다며 종묘 축조를 연기했었다. 그러던 왕망이 곳곳에서 민란이 나고 있는 때 조상신의 주력呪力으로 난국을 타개하겠다는 억지를 부린 것은 위정자로서의 자질이 함량 미달임을 여실히 보여준 일이었다.

지황 2년(AD. 21) 왕망은 태사太師 경상景尙과 갱시장군更始將軍 왕당王堂을 보내 번승 집단을 공격하게 했으나 경상은 패사했다. 왕망의 녹림병 진압령에 형주목은 2만 병력을 동원했지만 대패했다. 이해에 녹림병은 5만여의 대집단으로 세력이 커졌다.

이러한 농민반란 집단은 굶주림을 못 이겨 일어난 것이지 왕조 타도를 목적으로 하지는 않았다. 이들은 풍년이 들면 고향으로 돌아갈 생각으로 그저 식량을 획득할 목적으로 활동했다. 관군이 와도 격파해 그 물자를 빼앗을 뿐이지 장군이나 목 등 고위 관료는 죽이거나 생포할 수 있다 해도 하지 않았다. 그러므로 군도 수준의 농민반란 집단은 사면하고 회유해 해산시킬 수 있었는데도 왕망은 쓸데없이 강경 진압을 지시했다.

한나라 재흥再興 가능성에 공포를 느낀 왕망은 한 무제와 소제의 사당을 파괴했다. 또한 한 고조 유방이 자신을 질책하는 꿈을 꾸고는 고조 사당에 호분무사虎賁武士를 보내어 도끼로 문을 부수고 복숭아 즙을 뿌리고 — 복숭아즙은 중국 민간신앙에서 귀신을 쫓는 힘이 있다고 한다 — 채찍으로 벽을 치게 했다. 이는 왕망이 자신의 정통성에 자신감을 잃은 것을 보여주는 일이었다.

지황 3년(AD. 22) 관동에 대기근이 나 사람들이 서로 잡아먹었다. 관동에서 관중으로 몰려 온 유민이 수십만이었다. 왕망은 이들 굶주린 백성들에게 식량을 제공하도록 했으나 담당 관원이 착복해 10 가운데 7 내지 8이 아사했다. 전염병도 돌았는데 이 때문에 녹림병의 절반이 죽었다. 그 결과 생존한 무리는 하강병下江兵과 신시병新市兵으로 나누어졌다.

4월 왕망은 태사 왕광王匡과 갱시장군 염단廉丹을 관동으로 보내어 번숭 등 여러 농민반란 집단을 토벌하도록 했다. 번숭 집단은 토벌군이 온다는 소식에 눈썹을 붉게 물들여 진압군과 구별했다. 이후 번숭 집단을 적미赤眉(붉은 눈썹)라 부르게 되었다. 왕광과 염단이 지휘하는 10만 군사는 가는 곳마다 노략질을 해 민심이 크게 이반했다. 특히 갱시장군 염단이 지휘하는 부대의 만행이 심했다. 그리하여 백성 사이에서는 다음과 같은 말이 퍼졌다.

차라리 적미를 만날지언정 태사(왕광)를 만나지 말아야겠다. 태사는 그래도 좋지만 갱시(염단)는 나를 죽일 것이다.

7월 신시병이 오늘날 호북성의 수주시인 수현隨縣을 공격하자 이에 호응해 인근의 평림平林 사람인 진목陳牧과 요담廖湛이 무리 1천을 모아 평림병平林兵이라 자칭했다. 평림병이 일어나자 남양군의 호족 유현劉玄이 가담했다. 유현은 평소 빈객과 협객을 좋아했는데 이때는 법을 어겨 평림에 피신하고 있었다.

유현은 남양 출신인데 선조는 경제景帝의 여섯 째 아들인 장사왕長沙王 유발劉發이다. 유발의 증손자 용릉후春陵侯 유인劉仁은 원제 초원初元 4년(BC.45) 남양군 백수향白水鄉에 정착했다. 이후 그 자손은 남양군의 토착 명족名族이 되었다. 유현은 용릉후 유인의 아우 유리劉利의 손자로 경제의 6대손이 된다.

10월 역시 남양 유씨인 유연劉演과 유수劉秀 형제가 남양군의 여러 호족을 규합해 군사를 일으켰다. 유연과 유수는 용릉후 유인의 숙부 유외劉外의 증손자로 역시 경제의 6대손이 된다.

당시 각 지방의 호족은 대토지 소유자로 동족을 결집하고 빈객을 부양했다. 토지를 소작인에게 경작시키거나 상업이나 고리대로 부를 쌓았다. 전국시대부터 명족인 가문도 있었으나 대개 경제적 자유방임을 허용한 한나라에서 성장해 호족이 된 경우가 대부분이었다. 한 제국의 호족은 무제 치세에는 혹리의 탄압을 받았으나 이후에는 지방 군현의 하급 관리가 되는 경우가 많았고 이어 중앙의 관료로 진출했다. 신나라를 건국한 후 왕망이 실시한 여러 정책은 호족에게 매우 불리했다. 남양군의 여러 호족에게 한나라의 부흥은 그들의 이해관계에 부합하는 것이었다.

유연은 동족인 유가劉嘉를 신시병과 평림병에게 보내어 연합할 뜻을 밝혔다. 이에 호족과 농민군이 결합했다. 이에 따라 평림병에 가담한 유현도 유연·유수 형제와 합세하게 되었다. 이들은 조양현棗陽縣을 함락하고 남양군의 치소治所인 완성宛城을 공격하려고 했다.

11월 유연과 신시병, 평림병이 완성을 공격하러 소장안小長安에 도착했을 때 진부甄阜와 양구사梁丘賜가 지휘하는 왕망의 진압군과 마주쳤다. 이 전투에서 유씨 측은 참패해 유연의 여동생인 유원劉元과 아우 유중劉仲이 전사하고 유연과 유수 형제는 간신히 목숨을 건졌다.

이 패전으로 신시병과 평림병은 해산하려는 움직임을 보였는데 유연은 하강병과의 연합으로 난국을 타개하려 했다. 유연이 유수 등을 보내 "하강병의 현명한 장수 한 사람을 만나 대사를 논의하고 싶다"는 말을 전하자 하강병의 지도자 성단成丹과 장앙張卬은 왕상王常을 보냈다. 유연은 왕상을 만나자 한실漢室 부흥에 협조할 것을 제시하며 성공하면 그 과실을 혼자 누리지 않겠다고 약속했다. 왕상은 이에 동의했는데, 성단과 장앙은 자신들의 독립성을 잃을까 두려워 "대장부가 이미 일어났으니 스스로 주군이 되어야 마땅하지 어찌 다른 사람의 명을 받겠는가?"라며 반대했다. 이에 왕상이 여러 장수들을 차근차근 설득했다.

이전 성제와 애제 치세 때 (국운이) 쇠미하고 후사가 없었기 때문에 왕망이 그 틈을 타 제위를 찬탈하였다. 그가 천하를 차지한 후 정령政令이 가혹하여 계속 백성의 마음을 잃었으므로 백성들이 한나라를 그리워하여 노래한 것이 어제오늘의 일이 아니다. 이 때문에 우리들이 일어날 수 있었던 것이다.

무릇 백성이 원망하는 자를 하늘은 떠나며 백성이 사모하는 자를 하늘은 지지한다. **큰일을 일으킬 때는 반드시 아래로는 민심에 순응하고 위로는 하늘의 뜻에 부합해야 성공할 수 있다. 만약 자신의 강함과 용기만 믿고 감정에 따라 멋대로 욕심을 부리면 설령 천하를 얻는다 해도 반드시 다시 잃고 만다.** 진나라와 항우 같은 큰 세력도 뒤집혀 사라지고 말았는데, 하물며 지금 우리처럼 포의布衣들이 풀밭과 소택沼澤에 모여 있는 집단이야 말할 필요가 있는가. 이는 멸망의 길이다.

지금 남양의 유씨 종족宗族이 모두 병사를 일으켰는데 우리를 찾아와 의논한 사람들을 보건대 모두 깊은 뜻과 계책이 있어 왕공王公 재목이다. 이들과 합하면 반드시 큰 공을 이룰 것이니, 이는 하늘이 우리를 도와주는 것이다.

왕상의 조리 있는 말에 하강병의 장수들은 — 하강병의 지도자들은 적미 집단과 달리 장군이라 칭했다 — 유씨 집단을 따르기로 했다. 왕상의 말처럼 군도 생활은 미래가 없는 것으로 결국 멸망할 뿐이었다. 이에 비해 천자가 될 재목을 가진 자를 주군으로 섬겨 제업 성취를 도우면 개국공신이 되어 부귀영화를 누릴 수 있다. 하강병 같은 농민군 집단에게는 해산해서 귀향해 이전처럼 농민으로 돌아가는 길도 있었다. 그러나 부득이 고향을 떠났을지라도 약탈, 성폭행 등으로 욕구를 채우며 얽매인 것 없이 멋대로 빈둥거리는 생활이 몸이 밴 자들이 의식을 누리고 있는데, 불충분한 수확과 각종 공동체적 속박이 있는 예전 농민의 삶으로 돌아간다는 것은 불가능에 가까웠다. 군도 생활은 향락

산업에 종사하는 것과 비슷하게 사람을 나태하게 만든다. 성공할 가능성이 큰 반란에 참여하는 것이 현명한 선택이었다.

유씨 집단은 하강병을 끌어들여 5천 병력을 확보할 수 있었다.

이해 겨울 성창成昌(현재의 산동성 동평현 동쪽)에서 태사 왕광과 갱시장군 염단이 지휘하는 10만 군사와 적미 집단의 대전투가 벌어졌다. 성창 전투에서 적미 집단은 염단을 죽이는 등 대승을 거두었다. 이 승리 이후 적미 집단은 10여 만으로 팽창했다. 빈궁한 농민들 가운데는 처자를 거느리고 적미 집단에 가담하는 경우가 많았다.

왕망의 최후

지황 4년(AD. 23) 정월 유씨 부대는 진부와 양구사가 지휘하는 왕망의 진압군을 야습해서 대파해 2만을 죽였다. 이어 엄우와 진무가 지휘하는 왕망의 군사마저 격파했다. 이후 유씨 집단에 가담하는 농민이 많아져 군사가 10만이 넘게 되었다.

거대 세력으로 성장한 호족 집단과 농민군의 연합군은 한 왕조 부흥이라는 거병 목적을 위해 조직과 질서를 새로이 갖추어야 했다. 여러 지도자들이 누구를 황제로 추대하느냐의 문제로 회의를 열었다. 회의에서 남양의 여러 호족과 하강병의 지도자 왕상은 유연을 추천하고 신시병의 지도자 왕광王匡(왕망의 심복 왕광과 이름은 같으나 다른 인물), 평림병의 지도자 진목 등은 유현을 추천했다. 신시병, 평림병, 하강병의 지도자들은 품성이 유약해 조종하기 쉬운 유현을 황제로 추대하기로 미리 정한 상황이었다.

이에 유연은 다음과 같이 제안했다.

여러 장군들이 다행스럽게도 유씨 종실을 높이 세우려고 하니 몹시 후덕하다. 그러나 적미가 청주와 서주에서 일어났고 그 무리가 10만 명이니 남양에서 종실 사람을 세운다는 소문을 들으면 필시 적미도 황제를 세울까 걱정이다. 왕망이 아직 멸망하지 않았는데도 종실끼리 서로 공격하게 된다면 천하 사람들이 의심할 것이며, 스스로 권력을 덜어내는 것이니 이는 왕망을 격파하는 방법이 아니다.

(우리의 세력 범위인) 용릉에서 완성까지는 300리 정도일 뿐인데 갑자기 스스로를 높여 황제가 되면 천하 사람들의 표적이 될 뿐이고, 뒤따르는 사람들에게 우리의 피폐함을 이어받게 하는 것이니 훌륭한 계책이 아니다. 왕이라고 칭하고 호령하는 것만 못한데 왕의 세력도 충분히 여러 장수의 목을 벨 수 있다. **지금은 잠시 왕만 세우고, 적미의 황제가 현자라면 그에게 복속하고 그렇지 않으면 왕망을 쳐부수고 적미를 항복시킨 후 황제를 세워도 늦지 않다.**

이 말에 대부분이 수긍했으나 장앙이 칼을 빼어 땅에 내리꽂으며 "이는 소용없는 일이다. 오늘 같은 회의는 두 번 해서는 아니 된다"고 위협했다. 이에 유현이 황제로 추대되었다. 유현의 황제 추대는 농민군 세력이 유연을 지지하는 남양 호족 세력을 압도했다는 의미였다.

2월 초하루 유현은 황제 즉위식을 가졌다. 연호는 갱시更始(다시 시작함)라고 해 한 왕조의 부흥을 선언했다. 유현은 흔히 갱시제更始帝라 불린다. 농민군에 의해 선출된 갱시제 유현은 끝내 그 한계를 벗어나지 못했다. 관직 수여를 보더라도 농민군 지도자들이 대사마, 대사공 등 최고위직을 차지하고 남양 호족들은 대사도가 된 유연을 제외하고는 장군 이하의 직을 받았다. 훗날 광무제가 되는 유수는 편장군偏將軍이 되었다.

왕조 체제를 갖춘 갱시제 정권은 곧장 영역 확장에 나섰다. 3월 편장 군 유수가 북진해서 곤양昆陽(현재의 하남성 엽현 남쪽), 정릉定陵(현재의 하남성 무양현 북쪽), 언郾(현재의 하남성 언성현 남쪽) 지방을 공략했다. 엄우와 진무의 패배에 놀란 왕망은 42만 병력을 낙양으로 모이게 했는데, 4월이 되자 낙양에 집결했다.

5월 대사도 유연이 완성을 함락시키자 6월 갱시제는 이를 수도로 삼았다.

왕망은 대사공 왕읍과 대사도 왕심王尋이 42만 대군을 지휘해 완성에 도읍을 정한 갱시제를 치도록 했다. 곤양은 낙양에서 완성으로 가는 길목에 있는데, 유수는 1만이 안 되는 병력으로 곤양을 지키고 있었다. 왕읍과 왕심이 지휘하는 왕망의 대군이 곤양을 포위하자 성을 지키는 수비병들이 두려워했다. 유수는 이들을 격려하고 밤에 기마 13기를 이끌고 성을 빠져나가 정릉과 언의 수비병 3천을 소집해 왕읍과 왕심이 있는 적의 본영을 급습했다. 이에 호응해 곤양성의 병사들도 나와 공격했다. 이 기습으로 왕심은 전사하고 왕읍은 도주하니 42만 대군이 뿔뿔이 흩어져 각자 고향으로 돌아갔다. 향리로 돌아간 병사들은 왕망 군의 허약함을 널리 알렸는데, 이에 각지에서 반란을 일으켜 천자라 자칭하는 자가 여럿이었다. 농서隴西 지방에서는 외효隗囂가 상장군을 자칭하며 자립했고, 촉蜀 지방에서는 지방관 공손술公孫述이 자립했다. 여남汝南

(현재의 하남성 여남현)에서는 한의 종실 유망劉望이 천자를 자칭했다. 왕망의 장수였던 엄우와 진무는 유망에게 귀부했다.

곤양 전투 후 유연 형제의 위망이 급격히 올라가자 갱시제 정권에서 농민군 지도자 출신들은 갱시제를 사주해 대사도 유연을 죽였다.

갱시제의 군사가 관중 가까이에 오자 왕망은 어찌할 바를 몰랐는데 측근이 『주례』와 『춘추좌씨전』을 인용해 건의했다.

옛날에는 나라가 큰 재앙이 있으면 통곡을 하여 이를 눌렀습니다. 마땅히 하늘에 대고 구원해달라고 요청해야 할 것입니다.

이는 이른바 염승厭勝(주술을 써서 불리한 일을 제압하는 짓)인데, 궁지에 몰린 왕망은 이 어처구니없는 제안을 수용했다. 왕망은 여러 신하를 거느리고 남교南郊(수도 남쪽 교외에 위치한, 하늘에 제사를 지내는 곳)에 가서 자신이 여러 부명을 받았던 일을 진술하고 하늘을 우러러 대성통곡했다. 유생과 일반 백성에게도 아침저녁으로 모여 곡을 하게 했는데, 곡을 슬프게 잘하는 자를 낭관으로 삼으니 그 수가 5천이 넘었다.

왕망은 정권 획득 과정에서는 능수능란함을 보였지만 국정 운영에서는 전혀 현실감이 없음을 입증했는데, 말기로 갈수록 주술에 의존하는 모습을 보였다. 더구나 하늘의 계시라는 부명은 스스로 조작하거나 포상을 바라는 자들이 지어낸 것인데도 이를 믿는 심각한 자기기만과 자기최면 상태에 빠져 있었다.

왕망은 장군 9명을 임명해 구호九虎라 부르고 북군의 병사 수만을 지휘해 반란군을 공격하게 했다. 이들의 처자는 모두 인질로 잡았다. 남향南鄕(하남성 내향현 서북에 위치)에서 거병한 호족 등엽鄧曄과 우광于匡은 화음華陰(섬서성 화음현)에서 구호를 격파했다. 등엽과 우광은 관중으로 들어가는 관문인 무관武關을 점령했다. 갱시제의 군사가 오자 이들을 영접했다. 왕망의 수도인 장안 인근에서도 농민과 호족이 한나라 장군이라 일컬으며 반란을 일으켰다.

왕망은 장안의 죄수들을 석방해 무장시키고 돼지피를 마시게 하면서 맹세하도록 했다.

만약에 신 왕실을 위하지 않는 자가 있다면 사귀社鬼(저승의 지배자)가 이를 기억할 것이다.

왕망은 자신의 장인인 갱시장군 사심史諶이 이들을 지휘하도록 했다. 이들은 위교渭橋(장안성 북쪽 교외에 있는 위수渭水의 다리)를 건너자마자 흩어져 달아났다. 왕망은 그토록 귀신의 힘을 믿었지만 그 허구가 또 드러난 일이었다.

왕망의 군이었다가 이반한 병사들이 왕망의 부인과 아들과 아버지와 할아버지의 무덤을 파헤치고 그 종묘 및 평제 시대에 장안성 남교에 세운 명당明堂을 방화해 그 불빛이 장안성을 환하게 비출 정도였다.

9월 초하루 무신일 이반한 병사들이 장안성으로 진입했다. 왕망의 충신 왕읍, 왕림王林, 왕순王巡 등이 군사를 나누어 거느리고 저항했다.

2일 장안성에서 전투가 계속 벌어졌는데, 장안성 주민이 미앙궁에 불을 질렀다. 왕망은 불을 피해 선실宣室의 전전前殿으로 피신했다. 평제의 황후였던 왕망의 딸은 "무슨 낯으로 한 왕실 사람들을 볼 것인가" 말하고는 스스로 불에 뛰어들어 죽었다.

3일 날이 밝자 여러 신하들이 왕망을 부축해 점대漸臺(미앙궁에 있는 사방이 물로 둘러싸인 건물)로 갔다. 수행하는 관원이 1천이 넘었다.

대사마 왕읍은 밤낮으로 전투해서 몹시 피로했고, 군사들도 죽고 다쳐 대부분 소신되었으므로 말을 타고 미앙궁으로 들어와 여러 곳을 돌다가 점대에 이르렀다. 그의 아들인 시중侍中 왕목王睦이 의관을 벗어 던지고 도주하는 것을 보자 꾸짖어 돌아오게 하고는 부자가 왕망을 지켰다. 왕망이 점대에 있다는 소식에 군중과 병사들이 몰려와 수십 겹으로 포위했다. 활과 노弩로 공방이 벌어졌는데 화살이 떨어지자 전투는 백병전이 되었다. 왕망을 지키던 군사들은 거의가 죽었다. 오후 4시경 상현商縣(섬서성 상현) 사람 두오杜吳가 왕망을 찔러 죽이고 왕망이 가지고 있던 새수璽綬(옥새와 그 달린 끈)를 탈취했는데, 자신이 왕망을 죽인 줄은 몰랐다. 교위校尉 공빈취公賓就가 새수를 보고 시체가 어디 있는지 물었다. 공빈취는 곧 왕망의 목을 베었다. 병사들이 몰려와 시체를 마디마디 해체하고 살을 도려냈다. 시체를 나누는 것을 다투다가 죽은 자가 수십 명이었다. 왕망의 목은 완성으로 보내져 효수梟首(죄인의 목을 베어 높은 곳에 매다는 것)되었다.

왕망의 어처구니없는 실패는 그가 제위를 찬탈하기까지 보여준 능란한 술수에 비춰보아 뜻밖의 일로 보일 수 있다. 그러나 그토록 효율적으로 인적·물적 자원을 동원해 중국을 통일한 진 제국도 만세를 갈 것을 바라던 시황제의 소망에도 불구하고 그의 사후 불과 4년 만에 멸망했다. 그만큼 나라를 잘 다스리기란 어려운 일이다.

왕망의 실패 원인은 다양하지만 대략 두어 가지로 나누어 풀이할 수 있다.

첫째, 군주의 기본 의무조차 명확히 인식하지 못했다. 다시 말해 군주가 되어 무엇을 해야 하는지를 몰랐다. 성장 과정이나 받은 교육을 보면 왕망은 유자儒者였다. 본래 유자는 치자의 도리를 익힌 자로 공익 개념에 투철해야 한다. 그러나 왕망은 멸사봉공하는 모습을 연출했지만 진정한 의미의 공익 개념은 없었다. 왕망은 속유俗儒였을 뿐이다. 현대에서는 사적 이익만 추구하는 지식인을 '지식 기사知識技士', '어용 지식인' 등 여러 가지로 부르며 야유하지만, 이러한 유형의 지식인이 언제나 다수인 것이 인간 세상이다. 이런 엘리트 집단이 최고 권력을 장악했을 때의 문제점을 왕망 정권이 잘 보여주었다. 권력 장악은 술수(꼼수)로 가능하지만 권력 유지는 업적 달성으로 가능한 것인데, 왕망은 술수로 버티려 했다.

왕망 정권의 단명에 대해 기근 등 계속되는 자연재해 탓으로 돌리고 그것이 없었다면 장기 지속도 가능했을 것이라는 주장도 있다. 그러나 왕망은 자연재해로 민이 고통을 겪어도 적극적으로 구휼 대책을 세워 극복하려 하지 않고 번번이 하늘의 운수 탓으로 돌렸다. 술수에 뛰어났고 공작 정치에 능했지만 기본적으로 왕망은 운명론자였다. 이것 역시 그가 진정한 유자가 아니라는 것을 알려준다.

둘째, 관료와 지식인의 사익을 보장해 전폭적인 지지를 얻어 제위에 올랐으므로 이들의 이익을 도외시할 수 없었다. 부패한 관료를 물갈이하지 못했고 이들의 사익에 반하나 민생에 도움이 되는 개혁을 적극 추진하지도 못했다. 이 때문에 왕조의 장기 존속에 필요한 민의 지지를 얻지 못했다.

왕망은 집권 과정에서 공작 정치와 술수에 능한 법가적인 모습을 보여주었다. 유가와 법가가 융합하는 등 제자백가의 여러 사상이 서로 영향을 주고받는 현상은 일찍이 시작되었다. 그 결과 순수 유자라 할 수 있는 이는 거의 없었다. 왕망이 제대로 법가 사상을 이해했으면 비참하게 멸망하지 않고 상당한 성과를 낼 수도 있었을 것이다. 법가는 권력이 업적을 내야 한다는 것을 명확히 인식했고 이를 위해 관료를 상벌을 통해 효율적으로 부려야 한다고 강조하는데, 왕망은 관료를 부리지 못하고 의존하다가 개혁에 실패했다.

왕망의 몰락과 신라 김씨 왕실의 성립

근래 문무왕 비문과 '대당 고 김씨부인 묘명大唐故金氏夫人墓銘'을 근거로 신라의 왕족인 김씨가 흉노 계통이라는 주장이 제기되고 있다. 이 두 금석문은 김일제金日磾(BC.134 ~ BC.86)를 김씨의 조상이라 하고 있다.

김일제는 흉노 출신으로 한 무제가 가장 신뢰하는 신하가 된 사람이다.

BC.121년 여름 곽거병, 이광, 공손오가 한 무제의 명으로 흉노 원정에 나섰다. 이 원정에서 흉노 휴도왕의 처와 두 아들은 포로가 되었고 혼야왕도 투항했다. 김일제는 포로가 된 휴도왕의 두 아들 가운데 장남이었다. 포로가 될 때 14세였는데, 관노로 말을 키우는 일을 하다가 한 무제가 그 당당한 모습을 보고 관노에서 해방하고 말 목장을 관리하는 마감馬監으로 임명했다. 이어 김일제는 시중, 부마도위附馬都衛, 광록대부에 올라 무제의 측근으로 일하게 되었다. 그는 김金씨 성을 하사받았다. 김일제의 아버지인 휴도왕이 금인金人(청동상)을 가지고 하늘에 제사 지냈으므로 무제가 김[金]으로 사성賜姓한 것이다. 이로써 김일제는 역사에 등장하는 최초의 김씨 성을 가진 사람이 되었다.

BC.88년 시중복야侍中僕射인 망하라莽何羅가 무제 암살을 기도했는데, 김일제는 격투를 벌여 망하라를 포박했다. BC.87년 병상에 누운 한 무제는 김일제와 곽광, 상관걸 3인을 각각 거기장군, 대사마대장군, 좌장군으로 임명하고 어린 태자 유불릉의 후견인으로 삼았다. 다음 날 무제는 세상을 떠났다. 태자 유불릉이 즉위하니 그가 소제昭帝이다.

BC.86년 김일제가 병이 들어 죽기 직전 소제는 곽광과 의논해 김일제를 현재의 산동성 지역에 있는 투秺현을 봉지로 하는 제후, 즉 투후秺侯에 임명했다. 김일제의 자손은 투후 작위를 세습했다.

김일제의 두 아들 김상金賞과 김건金建은 시중이 되었는데 소제와 나이가 비슷해 함께 기거했다. 김상은 봉거도위奉車都衛로, 김건은 부마도위가 되었다.

김일제 가문은 왕망과 인척이었고 왕망의 건국을 도왔다. 김일제의 자손들은 왕망의 신나라가 멸망하고 후한이 세워지자 역적이 되었으므로 중국에서 살기 어려웠다. 다른 나라로 망명해야 했는데 가장 유력한 곳이 고구려였다.

신라 30대 왕인 문무왕 비문에는 조상의 내력에 대해 설명하면서 "제천지윤祭天之胤인 투후秺侯가 7대를 전하여"라는 구절이 있다.

대당 고 김씨부인 묘명은 함통咸通 5년(864) 5월에 향년 32세로 당나라에서 사망한 신라인의 묘지명이다.

가로 46.5cm, 세로 45.5cm 크기의 정방형에 가까운 몸돌에는 23행(행당 글자는 최대 27자)에 걸쳐 총 593글자로 김씨의 유래와 김씨부인의 선조, 부인의 품행과 생활상, 죽음과 후사 문제 등이 기록됐다. 묘지명 내용에 따르면 김씨부인은 증조부가 김원득金原得, 조부가 김충의金忠義, 아버지가 김공량金公亮이다. 이 묘지명에서 김일제 가문이 고구려로 망명한 것을 말하는 대목은 다음과 같다.

먼 조상 이름은 일제日磾시니 용정龍庭(흉노 조정)에 몸담고 계시다가 서한西漢(전한)에 투항하시어 무제武帝 아래서 벼슬하셨다. 명예와 절개를 중히 여기니 (황제께서) 그를 발탁해 시중侍中과 상시常侍에 임명하고 투정후秅亭侯에 봉하시니, 이후 7대에 걸쳐 벼슬함에 눈부신 활약이 있었다. 이로 말미암아 경조군京兆郡(한나라의 수도 장안이 있는 구역)에 정착하게 되니 이런 일은 사책에 기록되었다. 견주어 그보다 더 클 수 없는 일을 하면 몇 세대 후에 어진 이가 나타난다는 말을 여기서 징험할 수 있다.

한漢이 덕을 드러내 보이지 않고 난리가 나서 괴로움을 겪게 되자 곡식을 싸들고 나라를 떠나 난을 피해 멀리까지 이르렀다. **그러므로 우리 집안은 멀리 떨어진 요동遼東에 숨어 살게 되었다.**

문선왕文宣王(공자)께서 말씀하시기를 "말에는 성실함과 신의가 있어야 하고 행동에는 독실하고 신중함이 있어야 한다"고 했다. **비록 오랑캐 모습을 했으나 그 도道를 역시 행하니, 지금 다시 우리 집안은 요동에서 불이 활활 타오르듯 번성했다.** *

수와 당에서 요동은 대개 고구려를 의미했다.

두 비문의 내용과 각종 문헌 기록을 토대로 신라 김씨의 기원을 다음과 같이 추리할 수 있다. 전한에서 흥하던 김일제 가문은 왕망의 신나라가 망하면서 고구려로 망명을 했다. 이들은 고구려에서 득세했으나 3세기 중엽 위나라 장수 관구검毌丘儉의 고구려 침공 때 무리를 이끌고 신라 북변으로 이주했다. 신라에서 이들을 받아들여 달구벌에

정착했는데, 점차 세력을 키워 박씨와 연합해 석씨를 축출하고 왕조
를 세웠다.

---

*   遠祖 諱曰碑 自龍庭 歸命 西漢 / 仕武帝 愼名節陟 拜 侍中 常侍 封 秅亭 侯 自 秅亭 已
     降七葉 軒紱 燉煌 / 繇是望係 京兆郡 史籍 敍載 莫之與京必世後 仁徽驗斯在及漢不見
     / 德亂離 摸矣握粟 去國 避時 屆遠 故吾宗違異於遼東 / 文宣王立言言 忠信行篤敬 / 雖
     之蠻貌 其道亦行 今復昌熾 吾宗於遼東

후한 건국

왕망이 피살될 무렵 갱시제의 군사는 왕광과 애장이 지키고 있는 낙양을 함락했다.

10월 분위대장군奮威大將軍 유신劉信이 지휘하는 갱시제의 군사는 여남을 공격해 유망, 엄우, 진무를 죽였다. 이달 갱시제는 낙양으로 천도했다.

적미 집단은 왕망이 몰락하고 한나라가 부흥하는 듯하자 더 이상 군도 생활을 지속하기 어려움을 알았다. 갱시제가 사자使者를 보내 귀순을 요구하자 적미 집단의 영수인 번숭은 고달픈 군도 생활을 명예롭게 끝낼 가능성을 타진하려 지도부 20여 명만 데리고 낙양의 갱시제를 찾아갔다. 이들이 낙양에서 목격한 황제 유현은 진명천자眞命天子(천명을 받은 참된 천자)가 아닌 소농민 군도의 황제였다. 유현은 호족 출신이었지만 사대부가 아닌 신시병, 하강병 등 군도에 의해 추대된 천자였고 인품도 행실도 군도의 수령首領 그 수준이었다. 낙양 조정에서는 본래 어중이떠중이 장사치 출신이거나 무지렁이 농민 출신들이 벼락출세해 고위 관직을 차지하고 주색잡기에 몰두하는 등 온갖 추태를 연출하고 있었다. 번숭 등은 황제 유현에게서 보통 사람과 다른 어떤 신비적인 요소도, 뛰어난 인품과 재능도 보지 못했다. 번숭 등은 열후로 책봉되었지만 이는 봉읍이 없는 형식적인 것에 불과했다.

갱시 2년(AD. 24) 2월 갱시제 유현은 낙양에서 다시 장안으로 천도했다. 유현은 관작을 남발했다. 요리사에게도 관직을 주어 "부엌에서 불 피울 줄 알면 중랑장中郎將, 양羊의 위를 구우면 기도위騎都尉, 양의 머리를 구우면 관내후關內侯"라는 빈정대는 노래가 유행했다.

장안에서도 조정은 난장판이었다. 군도 출신의 장군들은 장안과 인근 주민을 상대로 재물을 약탈하기 일쑤였다. 주색에 빠진 유현은 군도 시절의 구태를 버리지 못하고 장군들에게 얼마나 노략질했느냐는 질문을 해 왕망 정권 시절부터 근무한 관리들을 경악시켰다. 사대부 출신의 관료들은 이러한 상황을 묵과할 수 없었다. 유생 출신의 이숙李淑이 법과 예를 모르는 공경公卿들을 물리칠 것을 제의했다. 이는 한 건국 초 숙손통이 국가 기강을 바로잡기 위해 한 것과 같은 일이었다. 그러나 이숙의 제안대로 한다면 신시병, 평림병, 하강병 출신들은 세력을 잃을 것이 뻔했다. 이숙은 투옥되었다. 정권의 천민적 성격을 탈피할 시도를 하지 않는 갱시제 정권의 운명은 정해진 것이었다.

번숭 등은 갱시제 집단에 실망해 실익 없는 열후 자리를 버리고 떠나 무리로 돌아갔다. 이는 현명한 판단이었으나 이때 적미 집단은 와해될 위기를 맞고 있었다. 구성원들은 매일 일용할 양식 획득 이외에는 아무런 목표도 미래도 없는 생활에 지쳐 더 이상 전투할 의욕도 없고 눈물이나 훌쩍거리며 고향 생각만 하는 상태였다. 그렇다고 고향으로 돌아갈 수도 없었다. 사방은 갱시제 정권 이외에도 천자, 왕, 장군을 자칭하는 군웅群雄과 군도로 가득 차 있었다. 적미 집단의 고향인 낭야군과 동해군도 할거割據 세력이 차지하고 있었다. 별다른 계획 없이 무작정 귀향하다가는 지친 무리가 중도에 흩어질 가능성이 높은데, 그리되면 다른 군도의 먹잇감이 되거나 살아 고향에 가더라도 지방관에게 탄압받을 것은 명약관화했다. 여기서 번숭은 결단을 내려 고향의 반대쪽으로 진격해 장안성을 점령한다는 '환상적인' 목표를 내세웠다. 이 계획은 장점이 있었다. 고향에서 더 멀리 떨어진 곳으로 가니 집단 구성원들이 개별적으로 무리를 이탈할 엄두를 내지 못할 터이고, 한 제국의 수도 장안 점령이라는 거창한 목표는 무리에 활력을 주어 단결시킬 수 있었다.

이해 가을 적미 집단은 또 다른 농민반란 집단인 청독青犢 세력과 합세해 두 부대로 나뉘어 장안으로 진격을 시작했다. 번숭이 지휘하는 부대는 영천군에서 남양군으로 진격해 완성을 점령하고 현령을 죽였다. 서선徐宣이 인솔한 부대는 영천군에서 하남군으로 진격, 하남 태수를 죽였다. 이때까지 적미 집단은 식량 약탈을 할 뿐 군현의 장관을 죽이지 않는데, 권력 창출을 목표로 하니 행동 양식이 그에 맞게 변한 것이다.

12월 번숭이 이끄는 무리는 무관武關을 통해, 서선이 지휘하는 무리는 육혼관陸渾關을 통해 관중으로 들어갔다.

갱시 3년(AD. 25) 정월 적미 집단은 갱시제의 군사를 거푸 격파하고 홍농군弘農郡 홍농현에 집결했다. 이때 무리는 30만에 이르렀다. 여기서 체제 정비를 해 1만 명씩 30영營으로 나누고, 1영마다 지도자를 두었는데 삼로三老라 했다.

3월 적미 집단은 갱시제가 보낸 이송李松·주유朱鮪의 대군을 대파하고 서쪽으로 나아가 정현鄭縣(섬서성 화현 북방)으로 들어갔다.

4월 촉을 지배하던 공손술이 천자 자리에 올랐다.

6월 적미 집단도 마침내 천자를 추대했다.

유씨의 자손 3명 가운데 제비뽑기로 천자를 세우니 15세의 목동 유분자劉盆子였다. 유분자는 여씨 일족을 멸하고 문제 옹립에 공을 세운 주허후 유장劉章의 후손으로, 먹고 살기 힘들어 생계를 위해 적미 집단에 들어갔다. 유분자는 천자 즉위식을 올렸고 연호는 건세建世라 했다. 승상, 어사대부, 대사마 등 최고위 직은 번숭 등 적미 집단의 지도부가 도맡았다. 원래 현의 옥리獄吏(교도관)였던 서선이 승상이 되었다. 번숭은 글을 모르고 셈할 줄도 몰랐으므로 승상이 되지 못하고 어사대부가 되었다. 즉위식이 끝나고 유분자는 예전처럼 목동과 어울려 지냈다.

번숭 등이 황제를 추대한 목적은 군도 연합 집단의 일원적 통제권 장악을 합리화하려 했기 때문이다. 이들에게 황제는 능력과 지혜가 출중한 사람일 필요가 없었고 단지 그들의 자유와 방종을 구속하지 않을 존재이면 족했다. 적미 집단은 형식적으로는 왕조를 개창했지만 점령 지역을 다스리지 않고 약탈을 했다. 물자 획득을 위해 약탈을 하면 군도이고 조세를 거두면 정권인데 적미 집단은 여전히 군도였다.

유분자가 천자가 된 같은 달에 유수도 자립해 황제가 되었다. 그가 광무제光武帝이다. 연호는 건무建武라 했다.

갱시제는 낙양으로 천도하자 유수에게 하북河北 평정을 명령했었다. 하북 지방으로 파견된 유수는 1년이 조금 넘는 기간에 여러 군웅을 격파하고 농민 집단을 복속시켰다.

유분자를 추대한 적미 집단은 서쪽으로 진격, 장안을 공격했다. 왕광·장앙 등 군도 출신 장군들은 갱시제 유현이 무능해 가망이 없다고 보고 적미 집단에 투항해 장안 공격에 합세했다. 유현의 지지 기반은 신시병, 하강병 등이기 때문에 이들 지도자들의 이반은 갱시제 정권의 종말을 의미했다.

9월 적미의 대군이 장안에 입성했고 유현은 홀로 말을 타고 달아났다. 유현의 장수와 관리들이 적미 집단에 항복했다.

10월 유현은 어찌할 방도가 없자 적미 집단에 항복을 청하고 왕망에게서 얻은 황제의 새수를 바쳤다.

이달에 광무제는 낙양에 입성해 수도로 정했다.

관중의 호족들은 갱시제 정권의 무능과 약탈에 질려 오히려 적미의 장안 입성을 반겼다. 그러나 적미 집단의 장안 약탈은 그보다 더 심했다. 민심이 오히려 갱시제 시절을 그리워하자 12월 번숭은 유현을 목졸라 죽였다. 이후 적미의 약탈은 더욱 심해졌다. 군도 집단인 적미 집단은 형식적으로나마 왕조를 세웠지만 할 줄 아는 것은 살인, 방화, 강도질일 뿐 생산에 종사하는 인민을 지배하는 체제를 세울 노하우도 그럴 의지도 없었다.

건무 2년(AD. 26) 정월 적미 집단은 궁궐을 불사르고 역대 한나라 황제의 능을 도굴해 장안을 떠났다. 약탈할 거리가 떨어졌기 때문이다. 적미 집단은 관중을 전전하며 유구流寇(떠돌이 도적) 생활을 계속했다.

9월 적미 집단은 두릉杜陵에서 연잠延岑의 군사와 전투를 벌였다. 연잠은 한중漢中에서 자립한 자이다. 처음 적미군이 우세했으나 원군을 얻은 연잠에게 역습을 당해 10만여 명의 병력을 잃었다. 유구 집단은 전두로 인한 병력 손실을 약탈로 재물을 얻으려는 최하층민의 유입으로 충당한다. 그러나 이제 관중에는 남은 주민도 없고 약탈할 식량도 없었다. 관중의 도시에는 사람의 그림자도 보기 힘들었고 극소수 생존자들이 시체를 뜯어먹으려 배회하고 있었다.

건무 3년(AD. 27) 정월 적미 집단은 고향인 산동 지방으로 돌아가려 길을 떠났다. 아직도 그 수가 20만이나 되었다. 광무제는 귀향하는 적미 집단을 격멸하려 했다. 적미군은 광무제의 장수 등우鄧禹를 물리쳤으나 정서대장군征西大將軍 풍이馮異에게 패했다. 광무제는 서쪽으로의 퇴로를 끊고 의양宜陽(하남성 의양현 동북)에서 대군을 거느리고 기다렸다. 의양에 이른 적미군은 10만여 명쯤 되었는데 지칠 대로 지친데다가 식량도 없어 투항을 결심했다. 유분자의 형 유공劉恭이 대표로 가서 항복 조건을 협상했다. 적미 집단의 지도부는 열후로 대우받기를 희망했다.

유공 : 유분자가 백만 무리를 이끌고 항복하려 합니다. 폐하께서는 그를 어떻게 대우하려는지요?
광무제 : 그의 목숨만은 살려주겠네.

이는 무조건 항복 요구였다. 번숭은 선택의 여지가 없었다. 전투 능력을 완전히 잃은 적미군이 광무제의 군사와 교전하면 오직 대량 학살만이 있을 뿐이었다. 번숭은 유분자, 서선 등 30여 명을 이끌고 가서 항복했다. 광무제가 음식을 마련하도록 해 굶주린 10만여 명이 포식했다.

다음 날 아침 광무제는 대군을 진열해 낙수洛水에 나아가 유분자의 신하들을 참관시켰다. 이어 광무제는 유분자, 번숭 등과 대화했다.

광무제 : 자네는 마땅히 죽어야 할 것을 아는가?

유분자 : 죄는 죽어 마땅하오나 상上께서 다행히 불쌍히 여겨 용서해 주시기를 바랄 뿐입니다.

광무제 : 망나니 같은 놈, 종실에 너 같은 바보는 없다. (번숭 등에게) 항복한 것을 후회하지는 않는가? 짐은 이제 경들을 본영으로 돌려보내 군사를 정돈하게 하고, 북을 올려 서로 공격하여 승부를 내려고 한다. 억지로 복종시킬 생각은 없다.

서선 : 신들은 장안 동도문東都門을 나온 후 폐하께 귀의할 것을 군신이 상의하였습니다. 단지 백성들이 누릴 줄만 알고 먼저 계책을 세울 줄 몰라 그들에게 말하지 않은 것뿐입니다. 지금 이렇게 투항하고 나니 호랑이 입을 빠져나와 자애로운 어머니 품에 돌아온 듯 참으로 기쁜데 어찌 한이 될 것이 있겠습니까?

광무제 : 경은 이른바 철중쟁쟁鐵中錚錚(여러 쇠붙이 가운데서도 유난히 맑게 쟁그랑거리는 소리가 난다는 뜻으로, 같은 무리 가운데서도 가장 뛰어남)이로군. 평범한 무리 속에 뛰어난 자로다.

이어 광무제는 다음과 같이 말했다.

　자네들은 크게 무도하여 지나는 곳마다 노약자들을 모두 죽이고 사
직을 어려움에 빠지게 하고 우물과 부뚜막을 더럽혔다. 그러나 세 가지
잘한 일이 있다. 성읍을 공파攻破하며 천하를 돌아다녔으나 본처를 바
꾸지 않은 것이 그 첫째로 잘한 일이다. 군주를 세우면서 종실에서 뽑
았으니 그것이 둘째로 잘한 일이다. 다른 도적들은 군주를 세웠으나 위
급해지면 모두 그 (군주의) 머리를 가지고 항복하여 공으로 내세웠다. 자
네들만 홀로 군주를 보존하여 짐에게 귀부하니 그것이 셋째로 잘한 일
이다.

광무제는 적미 집단의 지도부에게는 처자와 같이 살 집을 낙양에 마
련해주고 토지를 2경씩 주었다.

광무제는 건무 6년(AD. 30)에 산동을 평정하고 건무 9년(AD. 33)에는
외효隗囂가 지배하는 농서隴西(현재의 감숙성)를 공략했다. 외효는 병사하
고 뒤를 이은 아들 외순隗純이 건무 10년(AD. 34)에 항복했다. 건무 12년
(AD. 36) 촉 지역의 공손술을 멸해 중국을 통일했다. 이후 광무제는 20년
간 안정적 통치를 해 후한을 반석 위에 올려놓았다.

광무제의 중국 통일과 통치의 성공은 단순히 무력으로 이룬 것이 아
니었다. 무엇보다 민의 고통을 이해하고 그 해결을 위해 기득권을 포기
한 결과였다.

왕망 말기의 농민 봉기는 생업을 잃은 농민 대중의 저항이었다. 법을 어겨 노비가 된 자가 많았고, 몰락한 농민이 자녀를 노비로 파는 일이 많았다. 누구도 노비가 되어 살기를 바라는 자는 없다. 광무제는 군웅을 평정할 때마다 노비해방령을 발표해 이들을 구제하고 토지를 주었다. ― 오랜 전란으로 주인 없는 토지가 많아졌다.

유력 호족으로 대토지와 많은 노비를 소유한 자신의 이익과 계급의 이익에 위반하는 행위였다.

건무 6년(AD. 30)에는 전조田租를 경감했다. 수확량의 10분의 1을 거두던 것을 전한 초기의 30분의 1로 환원해서 과도한 조세에 시달리던 농민에게 큰 혜택을 주었다. 이 조치는 조세 수입의 감소로 군비가 모자라게 되어 스스로의 무력을 약화시키는 조치였다. 아직 통일이 완성되기 전이라 군비를 줄이는 것은 위험한 일이었다. 그러나 장기적으로 민심의 향배가 중요하다는 것을 아는 광무제는 단기적 손실을 무릅쓰고 단행했다.

건무 7년(AD. 31)에는 병제 개혁을 단행했다. 전한시대 이후 일반 농민 남자는 일정한 나이가 되면 징병되어 해마다 3개월 정도 병사 노릇을 해야 했다. 60세까지 지속되는 병역으로 생업인 농업에 지장이 많았는데, 광무제는 징병제를 없애 농민은 농업에만 종사할 수 있도록 했다. 대신 황제 직속의 병사는 군역을 세습하게 했다.

광무제는 시대가 요구한 개혁을 제대로 이행해 오랜 전란을 끝내고 평화와 질서를 가져왔다. 진명천자는 말 못하는 벙어리인 하늘이 결정하는 것이 아니라, 평화와 안정을 가져다줄 능력이 있는 자에게 민심이 호응해 결정되는 존재임을 전한 말의 사회 위기와 그에 따른 일련의 권력 교체가 보여주고 있다.

광무제의 성공은 왕망의 실패와 크게 대비되는데 어쩌면 인품의 차이가 이러한 결과를 빚은 것일 수 있다. 왕망은 성인을 가장하고 천명을 조작하는 과정에서 심각한 자기기만, 자기최면에 빠졌다. 심각한 인지 부조화로 왕망은 현실 문제를 직시하지 못했고 따라서 해결책도 마련할 수 없었다. 그러나 광무제는 자신을 객관화해서 볼 줄 알았다. 농서를 공격할 때 전선의 장수 잠팽岑彭에게 편지를 보냈는데, 다음과 같은 구절이 있다.

사람은 족한 것을 알지 못하기 때문에 괴로워한다. (짐은) 이미 농隴 (지방)을 얻었는데, 다시금 촉蜀 (지방)을 얻게 되기를 바라고 있다. 군대를 동원할 때마다 이 때문에 머리카락은 희어진다.

이 말에서 '득롱망촉得隴望蜀'이라는 고사성어가 생겨났다. 인간의 욕망이 한없다는 것을 자기반성적으로 서술한 것이다. 많은 지도자들이 현실을 직시하지 못해 문제 해결에 실패한다. 광무제는 인간이 흔히 빠지기 쉬운 자기기만에서 벗어날 만한 소양과 품성이 있었다.

유명한 조강지처糟糠之妻(술지게미와 쌀겨를 같이 먹은 처, 가난을 같이한 처) 일화도 광무제의 인품을 보여준다.

누이 호양공주湖陽公主가 과부가 되어 광무제는 조정의 신하 가운데 배우자를 물색했다. 모두가 기혼이니 호양공주와 결혼하려면 이혼해야 했다. 호양공주가 강직한 송홍宋弘을 마음에 두었으므로 광무제는 송홍을 인견引見해 마음을 떠보았는데, 호양공주는 병풍 뒤에 앉아 대화를 엿들었다.

　　광무제 : 속담에 귀貴해지면 벗을 바꾸고, 가멸[富]면 처를 바꾸는 것이 사람의 마음[人情]이라고 하는데 그렇지 않소? [諺言貴易交, 富易妻, 人情乎?]
　　송홍 : 신은 빈천할 때 사귄 벗은 잊어서는 아니 되고, 가난을 같이한 처는 버리지 않는다고 들었습니다. [臣聞貧賤之知不可忘, 糟糠之妻不下堂.]
　　광무제 : (병풍을 바라보며) 일이 잘 되지 않겠습니다. [事不諧矣.]

　　황제의 권력으로 신하를 이혼하도록 하는 것은 어렵지 않았으나 광무제는 의리를 지키려는 신하의 뜻을 존중한 것이다.

　　후한 수립 이후 중국의 모든 왕조는 겉으로는 유교를 국교로 내세웠으나 실제로는 법가적인 체제를 유지했다. 오늘날의 형법인 율律을 최상위법으로 설정하고 군주의 자의적인 법 제정과 집행을 막을 제도적 장치가 없었거나 있어도 유명무실했던 사정이 이를 입증한다.
　　중국 황제들이 겉으로는 성군 이데올로기를 핵심으로 하는 왕도 정치를 내세워도 실제로는 패도 정치를 한 이유는 왕망의 사례를 통해 보듯 군주가 신하를 믿을 수 없게 되었기 때문이다. 이상적인 유교 사회는 군주와 신하 사이의 믿음, 부부 사이의 믿음, 동료와 친구 사이의 믿음이 굳건해야 가능하다. ─ 이는 이상적인 공산주의 사회를 위한 전제 조건이기도 하다.

한 원제는 아버지인 선제가 우려했던 대로 인간의 속마음을 이해하지 못하고 일방적으로 유교의 예제에 의존해 왕망이 등장할 무대를 제공했다.

흔히 공산수의가 중국인의 민족성에 어긋나는데도 공산당이 현대 중국을 지배하는 것이 불가사의하다고 말한다. 그러나 법가 체제의 연속으로 보면 의아한 일이 아니다. ─ 권력은 총구에서 나온다는 모택동의 말은 자신이 마르크스주의자가 아니라 저속한 법가의 세계관을 가졌음을 자백한 것이다. 그의 사고방식과 작태는 명나라를 건국한 주원장과 아주 닮았다.

수천 년간 가혹한 법가의 통치를 받은 중국인들은 그러한 지배에 익숙하므로 그다지 저항도 하지 않는다. 인성이 법가 통치에 맞추어져서 부당한 권력의 횡포도 당연시하는 경향이 있다. ─ 한마디로 권력의 '갑질'을 당연시한다. 중국에서 민주 공화정 체제가 수립되기를 기대하는 것은 시황제가 불로초를 찾은 일보다 헛된 것이다.

한국사에서 삼국시대와 고려시대의 군주정치는 중국의 전제군주정치와 질적으로 다른 것으로 민이 만족할 만한 체제였다. 이 군주정은 외침이 있을 때에 적은 인구에 비해 엄청난 병력을 동원할 수 있었는데 이는 강력한 행정력이 아닌 민의 자발성에 기초한 것이었다. ─ 1018년 인구가 수백만에 불과했던 고려는 거란의 3차 침입에 20만8천의 병력을 동원할 수 있었다. 인구가 훨씬 많았던 영국은 1066년 노르만의 침공에 7천 병력을 동원할 수 있었다.

그러나 정도전, 이방원 등 저열한 법가들이 주축이 되어 건국한 이씨조선은 유교를 사회의 지도 원리로 내세웠으나 실질적으로는 법가 국가였다. 충성스러운 신하인 체하다가 기회를 포착해서 군주를 몰아내고 그 성씨를 몰살시키는 제노사이드genocide를 자행한 이성계 그리고 그 자손들은 결코 신하와 백성을 믿을 수 없었다.

법가 국가에서는 군주의 권모술수가 당연한 것이므로 의심이 가는 신하를 역모로 누명을 씌워 죽이는 일이 다반사이다. 고려왕조와 달리 이씨조선에서 역모 사건이 놀라울 정도로 많았던 것도 괴이한 일이 아니다.

이씨조선의 군주는 거의 모두 신불해·이회·오기·상앙·이사·한비자 등 법가의 대가들이 경탄할 만큼 권모술수에 능했다. 법가 국가에서 신하가 임금을 능가하는 공적을 세우는 일은 사형에 처할 대죄였다. 이순신 장군 자살설은 노량해전 직후부터 있었는데, 이 역시 이씨조선이 법가 국가라는 반증이다.

법가는 대개 부국강병을 목표로 하는데, 가난한 나라 살림에 허약한 군사력을 보유했던 이씨왕조가 어찌 법가 국가인가라는 의문을 제기할 수 있다. 이씨왕조는 법가의 술수를 부국강병을 위해서가 아니라 민을 착취하고 철저히 통제하는 데 써서 권력을 영구히 유지하려 했다.

일본 제국주의는 근대적 성격도 있었으나 기본적으로 법가적 체제였다. 이조의 잔재와 일제의 잔재가 융합해 신생 공화국 대한민국의 민주 발전에 큰 장애가 되어왔다.

한민족은 500년이 넘도록 법가적 통치를 받아와 최소 인구의 30% 이상이 법가적 체제에 적합한 인간형이 되었다. 입신양명 이외에는 관심이 없고 강자에게 비굴하고 약자에게 오만한 것이 법가적 인간의 전형이다. — '갑질'은 약자에게 오만한 표시이다.

외세에 비굴했고 백성에 가혹했던 이씨왕조의 행태는 지극히 법가적이었다.

법가적 인간형에게 법규는 사회정의를 실현하는 보편적 규범이 아닌 이익을 구현하거나 타인을 처벌하는 수단이다.

한국의 사법부와 검찰에는 법가적 인간이 우글거리는데 이들이 군軍 이상으로 독재 권력을 지탱한 지주였다. 사법부와 검찰에 법가적 인간이 들어오지 못하게 하는 것이 법치 구현의 전제이다. 이를 위한 사법부와 검찰의 개혁 없이 진정한 민주주의 구현은 불가능하다.

기존의 사법부와 검찰 구성원 선발 양식은 법가적 인간에게 매우 유리했다. 신분제 사회가 무너지고 새로운 질서가 이룩되지 않은 가운데 만인 대 만인의 투쟁이 벌어진 한국 사회에서는 법가적 인간이 출세에 유리했고, 이 때문에 사회의 도덕성이 나아질 수 없었다. 이러한 사회에서는 명색이 지식인이나 엘리트가 겉으로는 공익을 내세워도 실제로는 사익만 추구하는 경향이 있다.

법가적 인간이 다수인 나라에서 정치 세력을 보수 - 진보, 좌익 - 우익으로 나누는 것은 본질을 호도하는 속임수이다. 법가적 인간은 정치적 신념이나 양심에 따라 정치 노선이나 종교를 선택하는 것이 아니라 자신의 처지나 이해관계에 따라 결정하기 때문이다. 그런 나라에서 민주주의는 불가능하다. 한국에는 집권당과의 연줄로 '어공'(어쩌다 공무원)이 된 자도 있지만 시대 상황에 따라 '어보'(어쩌다 보수)와 '어진'(어쩌다 진보)이 된 자도 많다. 고도의 불확실성 시대라 남녀 관계도 '어연'(어쩌다 연인)이나 '어부'(어쩌다 부부)도 적지 않다.

인구의 절대 다수가 법가 체제에 적합한 인간이 된 중국과 일본에 비해 형편이 나은 한국은 그나마 민주 공화정의 성공 가능성이 있다. —중국은 전제 군주정이고 일본은 민주주의의 외피를 쓴 귀족 과두제이다.

맺는 말

인간 사회에서 지도력은 언제나 논란의 대상이 된다. 그리고 지도자의 역할이나 비중에 대한 견해도 아주 다양하다. 그러기 때문에 군주나 대통령, 장군에 대한 평가는 어느 시대나 논란이 될 수밖에 없다. 지도자의 공이나 책임을 논할 때, 일의 성패에 있어 지도력이 차지하는 비중이 얼마나 큰 것인지도 살펴야 한다. 지도력이 차지하는 비중이 작다면 일의 성패에 있어 지도자를 그다지 칭송할 것도 비난할 일도 없을 것이다.

개인이 아닌 집단에 의한 특정한 성취나 실패가 있을 때 누구의 공과인지 가리고, 그 공과의 비율은 어느 정도인지 평가할 필요가 있다. 이때 지도자 역할을 한 이에게 과도한 칭송을 하거나 비난을 퍼붓는 경우가 많다. 공정하고 냉정한 평가가 필요하다. 지도자의 역할은 상상외로 큰 것이다. 똑같은 조선 수군을 지휘했으나 이순신과 원균의 전과는 하늘과 땅 차이였다.

임진왜란 때 조선 수군의 전과는 물론, 살수대첩이나 귀주대첩 등 역대 한국사에서 중요한 전쟁의 승리는 그 지휘관들의 공이 아니라 이름 없는 병사들이 열심히 싸운 덕분이라고 주장할 수도 있다. 그러나 이렇게 주장하는 사람은 한국사에서의 패전은 장수들 잘못이 아니라 이름 없는 병사들이 열심히 싸우지 않은 탓이라고 떠들어야 한다.

대한민국의 경제 발전을 국민이 열심히 일한 덕분이라고 주장하기도 한다. 그러나 이씨조선의 가난을 농민이 게을러서였다고 말한다면, 두어 세대 전의 극빈은 현재의 노년층이 게을러서였다고 말하는 것과 같은데 과연 얼마나 설득력이 있겠는가.

지도부를 제외한 다수 집단 구성원에게 공로를 돌리고 과실을 묻는 주장은 귀에 솔깃한 말이지만, 지도자 역할을 한 이의 공적을 깎아내리거나 과오를 변명하는 데 악용되기 쉽다.

대개 한국인은 지도자의 중요성을 잘 안다. 그러기 때문에 대한민국 역대 대통령은 끊임없이 시비의 대상이 되고 국민은 지도자에게 무한한 기대를 거는 성군 이데올로기에 사로잡혀 있다. 한국에서는 보수나 진보 세력을 막론하고 사실상 이상적인 지도자 개념이 성군과 같다. 이는 공화정에 대한 신념이 그다지 강하지 않고 민주정치에 대한 이해가 모자라기 때문이다.

성군 개념은 '우민愚民' 개념과 짝을 이루는 것으로 양자는 독립적으로 존재할 수 없다. 무능하고 판단력도 없어 스스로 어찌할 줄 모르는, 자존 자립이 불가능한 존재인 우민은 초인적인 능력을 가져 세상 모든 문제를 해결할 수 있으면서도 사리사욕을 전혀 추구하지 않는 신적인 존재인 성군이 출현해야만 그들의 고통이 해결되고 소망이 이루어진다고 믿는다. 성군 개념은 개개인이 스스로 인생의 주체가 되어 책임을 지고 살아야 하는 민주 사회에서는 의미가 없다. 민주 의식으로 충만한 사람에게 모욕적인 지도자 상이 성군이다.

이씨조선의 임금들은 백성(인민)을 '나의 적자赤子'라 했다. 적자는 갓 태어나 피도 씻지 않은 아기를 말하는데, 체력이나 지력이 가장 무력한 상태이다. 갓난아기의 지력은 가축만도 못할 것이다. 이러니 적자인 백성은 군주를 어버이로 여기고 무조건 따라야 한다. 스스로 의견을 낼 수도 없고 내서도 안 된다.

백성을 적자라고 하는 표현은 군주의 권력 독점욕과 자자손손 영원히 권력을 가지겠다는 욕구를 반영하는 것이며 가축 취급을 하는 것이다. 핏덩이 갓난아기가 수천만인들 어찌 권력을 공유할 수 있고 권력에 위협이 되겠는가. 착취당해도 당하는 줄을 모른다.

이러한 민중관을 가진 정치 지도자는 우민화 정책을 할 수밖에 없다. 우민화 정책의 성공은 결국 지배층의 우민화로 귀결되어 국가 구성원의 총체적 우민화가 이루어진다. 이씨왕조의 무기력한 멸망은 민중을 그야말로 '적자'로 만드는 데 이씨왕조의 통치가 성공했음을 반증하는 것이다.

그릇된 지도자관이 아직도 널리 성행하는 까닭은 유권자의 주체성과 책임의식이 모자라기 때문이기도 하지만 유교에 입각한 군주관의 기만성을 제대로 배우지 못한 탓이기도 하다. 이는 이씨 세습 왕정의 반민족적·반민중적 행태를 가르치지 않고, 오로지 사악한 일본 제국주의만 비난하고 공화주의적 가치를 제대로 가르치지 않은 무책임한 역사교육의 결과이다. 그보다도 역사교육보다 대중에 훨씬 영향을 주는 사극의 영향 때문이기도 하다.

조선을 시대적 배경으로 하는 사극은 거의가 부지불식간에 성군 신화를 주입시킨다. 농민과 노비를 착취한 양반지주계급과 그 우두머리인 왕이 어질게 묘사된다. 그런데 현대물에서는 자본가와 지주를 노동자와 농민을 착취한다는 이유에서 긍정적으로 묘사하지 않는다.

1945년 일제에서 해방된 후 왕정복고가 이루어지 않고 공화국인 대한민국이 탄생한 것 자체가 놀라운 일이었다.

불과 19년 전인 1926년에 조선의 마지막 왕 순종이 사망했다. 이씨조선의 실질적인 마지막 군주 고종이 1919년에, 그 아들인 순종이 1926년 사망했을 때 거족적으로 국장이 치러졌는데, 이때 대다수 민중의 반응을 보아도 민중은 공화주의 개념을 받아들이지 않았음을 알 수 있다. 비록 조선 왕실이 일본 왕실에 흡수되었어도 존왕尊王 이데올로기로 인해 당시의 민중은 거기에서 벗어날 수가 없었다. 혁명 사상이 널리 보급된 프랑스에서조차 1789년 혁명 이후 공화정과 왕정이 여러 차례 반복된 것을 보더라도, 또 공화주의가 널리 보급된 나라들에서 왕정이 여전히 존립하는 것을 보더라도, 극소수 지식인만 공화주의적 가치관을 받아들인 그 당시 이 나라에서 왕정을 복고하자는 여론이나 정치 세력이 없이 공화국이 탄생한 것은 한편으로 이해하기가 쉽지 않은 일이다.

이는 이념적으로는 몰라도 실제로는 왕정 수립이 불가능한 현실 여건 때문이었을 것이다. 왕정을 세우려면 고대 삼국의 왕조나 고려왕조 재건은 불가능하고 결국 이씨왕조 재건 외에는 다른 수가 없었다. 그러나 수백 년간 이씨왕조의 혹독한 착취를 체험했던 민중은 이데올로기로서의 왕정에 대한 거부감은 없을지 모르겠으나 적어도 왕정의 실존만은 거부했다.

대한민국은 민을 더 이상 피치자가 아닌 주권자로 규정한 민주공화국이고, 헌법에 '모든 주권은 국민에게 있다'라고 적혀 있어도, 선천적·후천적으로 생긴 노예근성이 하루아침에 사라지고 공공 의식을 가진 책임 있는 시민이 저절로 탄생하지는 않는다.

그다지 먼 옛날이 아닌 구한말에도 왕을 어버이로 여기고 공화주의를 가장 부도덕한 역적의 사상이라 여기는 백성이 — 이들은 공화주의자의 관점으로는 노예의 사고 체계를 지닌 자들이다 — 절대 다수였던 것을 상기하면, 대한민국이 공화국으로 탄생했다 하더라도 이러한 사고 체계를 벗어나기 위해서는 자라나는 세대에게 공화주의적 가치관을 심어주는 교육을 장기간 해야 했다.

1980년대 중반 전제군주정치를 옹호하는 주체사상이 한반도 남쪽에 유입되어 이를 신봉하는 집단이 음으로 양으로 세력화되고 1990년대 한반도 북쪽에 세습 전제 왕정이 뿌리를 내린 어처구니없는 현상은, 공화주의적 가치관이 굳건하지 못한 남한 사회와 그것이 아예 없는 북한 사회의 풍토가 1차 원인이다. 이씨 세습 왕정에서의 개혁이란 흔들리는 양반–상놈의 신분제 사회를 공고히 하려는 복고 정책에 불과한데도, 정조라는 마키아벨리적 임금을 위대한 개혁 군주로 묘사하는 사극과 대중 역사서가 많이 나오는 것도 이러한 현상과 같은 맥락으로 볼 수 있다.

역대 정권이 공화주의적 가치관 교육을 소홀히 한 것은 대체로 3가지 이유에서였다.

첫째는 왕정복고를 외치는 정치 세력이 부재하고, 자유민주주의는 군사독재에 의해 위협 받아도 공화정 자체가 위협을 받은 일이 없었기 때문이다. 민주주의를 파괴했다고 극렬하게 박정희, 전두환을 비난하는 사람도 이들이 세습 왕정을 세우려 했다고 주장하지는 않는다. 공화정이 위협을 받으면 체제를 수호하기 위해 공화정이 가장 바람직한 정치체제라고 강조하지 않을 수 없다.

둘째는 공화정을 옹호하려면 왕정의 실정을 비난할 수밖에 없는데, 이는 반공주의 교육에 어긋나게 된다. 인민을 착취한 이씨왕조의 가렴주구와 양반 지배층의 어처구니없는 인간관·세계관을 적나라하게 가르치면, 이조 지배층이 흡혈귀 집단에 불과했다는 것을 알려주게 되어 공화정에 대한 신념은 강화될지 몰라도 계급투쟁을 강조하는 공산주의를 거부하기 어렵게 된다. 교사가 이씨 왕정을 이런 식으로 비난했다면 학생들에게 계급투쟁을 고취한다고 해서 반공법 위반으로 처벌을 받았을 것이다. 이 때문에 이씨 왕정에 대한 비난은 제한적일 수밖에 없었다. ― 요즈음에는 오히려 이씨왕조를 긍정적으로 보고 군주를 찬양하는 대중 역사서가 많이 나오는 형편이다.

셋째는 공화주의 가치관을 강조하는 교육은 필연적으로 반민주적인 정권에 저항하는 의식을 키우게 하기 때문이다. (법의 테두리 내에서 권력을 행사해야 하는) 대통령과 (법의 구애를 받지 않고 자의적으로 권력을 행사할 수 있는) 군주를 구분 못하는 유권자들이 많은 것이 오히려 정권에 이익이 된다.

독재 정권은 공화주의 가치관을 심어주는 대신 우매한 반공 교육과 변태적인 민족주의 교육에 역점을 두었다. ― 이 괴기스런 민족주의 교육을 받으면 전제 왕정에 대해 부정적 인식을 갖기 어렵고, 고조선이 대제국이었다는 헛소리에 솔깃하게 된다. 이는 반민주적 통치 행태보다 한국 사회에 더 큰 해악을 끼쳤으니, 제대로 된 민주 사회를 구축할 국민의 역량을 키우지 못하게 했다.

주사파의 창궐은 이 어리석은 공교육의 비극적 부산물이다. 주사파를 극좌로 보는 시각이 보편적인데, 실은 극우 세력이다. 주체사상은 그 화려한 수사에도 불구하고 전제 왕정을 정당화하는 '이데올로기'이다. 서양에서의 보수 이데올로기는 전근대에서는 왕권신수설이고 근대에서는 자유민주주의이지만, 이씨조선에서는 존왕양이尊王攘夷로 표현할 수 있다. '존왕'은 수령 숭배로, '양이'는 미 제국주의 축출로 표현된 것이 주체사상이다. 조선 말기의 위정척사파가 1980년대에 기묘하게 부활한 것이다.

전근대사회의 보수 이데올로기가 현대사회에 재현되다 보니 그 정체를 알아채기 어려웠다. 현재 한국 사회에서 자칭 '좌익'은 대부분 그 본질이 '전근대적 우익'이므로, 상식을 가진 일반인의 눈에는 퇴영적인 면이 두드러져 보이는 것이다.

1990년대 이후 반공 교육은 중지되었으나 변태적인 민족주의 교육은 지속되고 있다. 공화주의 가치관이 제대로 뿌리내리지 않은 탓에 한반도 북부의 전제 왕정을 옹호하는 현상을 보게 되고, 군주적 국가 운영을 민주적 국가 운영으로 착각하는 정치인이 연이어 집권하는 형편이다.

퇴영적 사고 체계는 의외로 생존력이 강하다. 과학이 아무리 발달해도 점복과 풍수에 관한 수요가 줄지 않는 현실을 보라. 풍수지리는 재벌과 대권을 열망하는 유력 정치인들에게 여전히 맹위를 떨치고 있다. '케케묵은 시대착오적 사상'이 시간이 흐르면 저절로 소멸될 것이라는 인식은 어리석다. 건국 65년이 지난 지금도 성군의 도래를 바라는 독서인과 '진보 인사', '의식화된 민중'이 많은 것도 기이한 일은 아니다.

공화주의 가치관에 입각해 대한민국은 1987년 '6월 항쟁' 이전과 이후로 시대 구분할 수 있다. 87년 이후 선거에 의한 정권 교체와 수립이 당연시 되는 등 형식적인 자유민주주의가 작동하는 것은 성과라고 볼 수 있다. 그러나 실질적·내용적인 면에서 한국의 민주정치는 공허하고 아쉬운 느낌을 준다. 이 때문에 많은 비판과 논의가 있어 왔다. 여기에 덧붙여, 지금 지도자에 대한 과도한 기대나 요구를 자제하고 주권자 한 사람으로서 개인의 역할을 고민해야 할 때라는 것을 말하고 싶다.

세월호 사건은 한국 사회의 적폐를 잘 드러내 보여주었다. 이 때문에 국가 개조, 관피아 척결 같은 말이 오르내린다. 이를 위해서는 국가가 무엇인지, 관료가 무엇인지, 리더십이 무엇인지 진지하게 생각해보아야 한다.

한자문화권의 종주인 중국에서 일찍이 제자백가에 의해 철학 또는 사상이라 할 만한 것이 나왔다. 하나같이 국가를 인간 사회에 필수불가결하고 선한 것이라고 전제했다. 중국사의 흐름은 시간이 갈수록 군주 독재권의 강화로 진행된다. 군주가 국가권력을 독점하는 세습 전제 왕정에서 군주에 대한 회의, 국가에 대한 의심은 용납될 수 없었다. 이에 비해 왕정을 부정하는 공화주의 사상이 나오고, 실제로 공화국이 세워진 서양 사회에서는 국가가 무엇인가라는 질문을 던지는 것이 가능해져 근대정치학이 학문으로 설 수 있었다.

국가를 사악한 존재로 보는 사회주의, 무정부주의 등 일단의 사상들이 있다. 그러나 역사적 경험으로 보아 국가의 해악에도 불구하고 사회 구성원 다수는 국가의 필요성을 인정하고 있다. 국가의 폐해는 곧 정부가 제대로 기능하지 못함을 말하는데, 결국 관료와 리더십의 문제이다.

전근대의 신분제 사회에서, 특히 한자문화권에서 관료는 특권층이었다. 다른 사람에 비해 권리는 많되 처벌은 가벼웠다. 자유와 평등을 근본으로 하는 공화주의에서 이는 용납될 수 없는 것이다. 오늘날 실질적으로는 몰라도 공식적으로 신분제를 인정하는 국가는 없다. 그런데 민주 공화정 체제의 선진국으로 평가받는 나라에서도 관료는 특권계층으로 인정받는다. 만성적인 실업 문제에 시달리는 현대사회에서 임금이 많든 적든 정년이 보장되는 것 하나만으로도 특권이라 할 수 있다. 사회보장제도가 미비해 다수가 노후를 걱정하는 나라라면 관료의 연금은 특혜일 수밖에 없다. 그 연금 재원은 생계를 걱정하는 사람들의 세금이다.

　이 두 가지 이점만으로도 관료는 특수 신분이라 할 수 있다. 사회는 '공정' 개념을 기초로 하는데, 특수 신분의 존재는 사회를 정상적으로 기능하지 못하게 한다. 오늘날 한국 사회 관료의 문제점은 선진국보다 심각하다. 그 정도라면 일을 잘 한다는 평가를 들어도 해악이 더 크다.

　더 큰 문제는, 관료는 모든 정책을 무력화시키고 역효과를 초래할 능력이 있다는 것이다. 왕망의 개혁 실패는 관료를 제대로 부리지 못한 결과였다. 왕안석의 신법 개혁도 관료들의 농간으로 부작용이 말할 수 없이 컸다.

　법가는 관료의 문제점을 예리하게 지적하고 효율적인 통제 방법을 제시했다. 바로 術이다. 상과 벌을 명확히 해서 부려야 한다는 것인데, 이는 모든 조직의 장長이 명심해야 할 사항이다. 장이 상벌을 쓸 수 없는 조직은 무능해질 수밖에 없다.

　중국식 관료 사회에서 관직은 재능이 있다고 자부하는 이들에게는 인생의 전부였다. 임기도 사실상 없고 처벌도 군주 마음대로 할 수 있는 전제군주제에서 관료는 군주에 기생하는 존재였으므로 군주는 관료를 부리기가 매우 쉬웠다. 그러므로 관료들이 속여먹일 수 없고 업적 지향적, 공적 의식이 충만한 자가 군주가 되면 이른 시간에 개혁이 성공하고 백성도 그 과실을 맛볼 수 있었다.

　1948년 건국에서 1987년까지 대한민국은 불완전한 민주정치 또는 독재정치였다. 그런데도 산업화에 성공한 이유는 무엇인지 여러 가지로 분석할 수 있지만, 오히려 민주주의를 제대로 하지 않아 원하는 대로 관료를 부릴 수 있었던 점을 지적하는 견해도 있다. 여러 비밀경찰 조직이 관료를 감시하고 권력이 상벌권을 마음대로 행사할 수 있었으므로, 법을 우습게 아는 독재정치에서는 정년 보장 규정에 관계없이 처벌이 가능했다. 그것도 파면 정도가 아니라 여러 구실로 사법 처리까지 했다.

민주 공화정인 대한민국은 최고 지도자를 선거로 뽑고 임기를 제한한다. 반면에 관료는 시험 등 소정의 과정을 거쳐 임명되고 정년이 보장된다. 관료에 대한 업적 평가도 개관적으로 하기 어렵고, 임면을 마음대로 할 수 있는 정무직 관료도 극소수인 상황에서 상벌은 없는 것이나 다름없다.

민주정치에서도 관료 임면권은 바로 관료 상벌권이다. 관료 통제에 대한 심각한 고민 없이 5년 단임의 대통령제로 나아간 1987년의 헌법 개정은 국정 운영의 실패를 담보한 것이었다. 현재의 대한민국은 관피아 척결에 대해 누구도 속 시원한 해결책을 제시할 수 없는 상황이다. 선출직을 대폭 늘리는 방안, 선출 권력의 관료 임면권을 강화하는 방안을 우선 생각할 수 있다.

대통령, 국회의원, 도지사, 시장 등 선출직의 리더십 문제도 심각하다. 한국의 정신문화는 아직도 유교 사회를 벗어나지 못했다. 부지런함이 미덕이고 게으름이 악덕인 유교 사회에서 '게으른' 지도자, 여가를 즐기는 지도자는 최악으로 인식되게 마련이다. '만기친람'하고 '국궁진력'하는 리더십이 최고의 가치로 부각된다.

제갈량, 청 태종, 강희제, 표트르대제 등이 이런 리더십으로 성공했다. 이는 국가조직이 제대로 갖추어지지 않은 상황이어서 효과를 본 것이지 정부 조직이 복잡해진 현대사회에서는 엄청난 역효과를 가져올 수밖에 없는 리더십이다. 이는 조직원을 믿지 못하거나 믿지 못할 상황에서 나오는 것으로 민주 사회에서는 어불성설이다.

리더십과 관련해 바이마르공화국 시절 독일군 최고사령관인 '빨갱이 장군Der Rote General' 쿠르트 하머슈타인Kurt Gebhard Adolf Philipp Freiherr von Hammerstein-Equord(1878~1943)의 장교 분류를 참고해볼 필요가 있다. 이 분류는 큰 공감을 일으켜 널리 회자되었다.

나는 (장교들을) 네 부류로 나눈다. 머리 좋은 장교, 부지런한 장교, 어리석은 장교, 게으른 장교가 있다. 장교 대부분은 두 가지 성격을 갖추고 있다. 머리 좋고 부지런한 장교들이 있다. 이들은 참모본부에 있어야 한다. **그다음으로는 어리석고 게으른 장교들이다. 이들은 모든 군대에서 90%를 차지하는데, 일상적 업무에 적합하다. 머리 좋고 동시에 게으른 자는 최고사령관 직무에 적합하다.** 왜냐 하면 어려운 결정을 내리는데 필요한 지적 총명과 평정심을 보유한 때문이다. **동시에 어리석으며 부지런한 자는 경계해야 한다.** 이런 자들에게는 책임을 지는 일은 어떠한 것이라도 맡겨서는 안 된다. 왜냐 하면 이들은 재앙만 초래하기 때문이다.*

어리석고 부지런한 자가 최고 권력자가 되면 그 폐해는 이루 말할 수 없이 크다. — 이명박을 보라.

한국의 정치 문화로는 내각제건 대통령중심제건 어느 제도건 간에 집권자(권력을 위임받은 자)가 부지런해지기(만기친람하기) 쉬운데, 자질 미달인 자가 선출되면 임기가 보장되는 대통령중심제에서는 나라를 망치는 기간을 보장하는 것이 된다. 내각제의 장점은 수준 이하의 집권자를 즉시 퇴출시킬 수 있다는 점이다.

각종 선거 때마다 각 정당과 후보자들은 공약을 내는데, 이는 부지런히 일하고 부지런히 일을 벌이겠다는 말이다. 그런데 이들이 어리석다면? 더욱이 집권한 당이 어리석고 탐욕스러운 자들의 소굴이라면? 각국 선거의 역사를 보면 현명한 자는 후보가 되기도, 당선되기도 어려웠다.

조선의 아전들은 목민관이 부임하면 다음의 두 가지 기준으로 인물 평가를 했다.

1. 현명한가, 아닌가?(속일 수 있나, 없나?)
2. 청렴한가, 아닌가?

---

*   Ich unterscheide vier Arten. Es gibt kluge, fleißige, dumme und faule Offiziere. Meist treffen zwei
     Eigenschaften zusammen. Die einen sind klug und fleißig, die müssen in den Generalstab. Die
     nächsten sind dumm und faul; sie machen in jeder Armee 90% aus und sind für Routineaufgaben
     geeignet. Wer klug ist und gleichzeitig faul, qualifiziert sich für die höchsten Führungsaufgaben,
     denn er bringt die geistige Klarheit und die Nervenstärke für schwere Entscheidungen mit. Hüten
     muss man sich vor dem, der gleichzeitig dumm und fleißig ist; dem darf man keine Verantwortung
     übertragen, denn er wird immer nur Unheil anrichten.

속일 수 없고 청렴하다고 판단되면 무능하고 부패한 아전들도 유능하고 청렴한 아전이 되었다. 최소한 그리되려고 노력했다. 그렇지 않으면 처벌을 받기 때문이다.

민주 공화정에서 주권은 국민에게 있으므로 국민의 질에 대한 논의도 있어야 한다.

국민이 실제로 주권을 행사하는 것은 선거를 통해서이다. 선거를 통해 집권하려는 정치인과 정치 집단은 표를 얻기 위해 필연적으로 왕망처럼 유능해 보이려 하고 공익 개념에 투철한 양 연극을 하게 마련이다. 대중매체가 발달한 현대사회에서 정치는 미디어 정치가 될 수밖에 없는데, 이미지가 실체로 인식되므로 정치인은 국정 운영 능력을 키우려 노력하는 것이 아니라 연기력과 파벌을 구축하는 술수만 늘리는 경향이 있다. 연기자가 연극의 배역과 별 차이가 없으면 문제가 되지 않는다. 그러나 그 괴리가 크면 파렴치한 사기극이 되고 이러한 일이 반복되면 선거제도에 대한 회의, 민주 공화정에 대한 회의가 일게 된다.

정당이 '표 장사 주식회사'가 되고 그 행태가 연예기획사 같은 한국 정치는 정치 혐오와 무관심을 키우고 있다.

유권자의 수준이 높니 낮니 하는 것은 결국 사람을 제대로 보는 안목의 문제이다. 사람의 판단력은 선천적인 부분도 있지만 많은 부분이 교육과 관련이 있다. 이 대목에서 사실상 할 말이 없다. 공교육 부실이 보편적인 문제로 나타나고 있는 한국 사회에서는 공교육에 대한 기대를 걸 수 없기 때문이다. 지금으로서는 개인의 주체적인 자기 개발 노력에 더 기대야 한다.

국가는 언제나 정치·경제·사회·문화 등 모든 분야에서 복잡다단한 문제에 직면한다. 이러한 문제를 해결하라고 국가권력이 있는 것이다. 권력의 담당자는 일견 화려해 보이지만 엄청난 공적 책무에 시달린다. 이를 제대로 수행하려면 멸사봉공의 자세와 시대의 과제를 올바르게 인식하고 그것을 해결할 수 있는 능력이 있어야 한다.

권력의 화려한 겉모습에 매료되어 수많은 사람과 집단이 자신을 돌아보지 않고 권력을 차지하려 각축해온 것이 인류 역사의 한 단면이다. 이들의 교묘한 분장술에 대중과 지식인은 많이도 속아왔다. 유권자들이 권력을 지향하는 개인이나 집단의 실체를 정확히 꿰뚫어보기는 어려운 일이다. 한 가지 방법은, 권력의 정통성이란 시대적 과제를 파악하고 해결하는 능력에 달려 있다는 '진부한 상식'을 늘 잊지 않는 일이다.

이 글을 쓴 목적 가운데 하나가 이 '진부한 상식'을 상기시키는 데 있다.

신 왕조 이후 변란 상황표

연도	호칭	이름	근거지	비고
17년		여모 呂母	해곡海曲 (산동성 일조)	해상 유격전
	녹림병綠林兵	왕광 王匡	녹림산綠林山 (호북성 수주 서남쪽)	하강병下江兵과 신시병新市兵으로 다시 나뉨
18년	적미赤眉	번숭 樊崇	거현莒縣 (산동성 거현)	태산 일대에서 유격전을 벌임
		역자도 力子都	동해東海 (산동성 담성)	서주, 연주 사이에서 유격전을 벌임
19년		마적구 馬適求	거록巨鹿 (하북성 평향)	
21년	초려왕楚黎王	진풍 秦豊	여구黎丘 (호북성 양번 동남쪽)	24년 초려楚黎라고 함
		지소평 遲昭平	평원平原 (산동성 평원)	
22년	평림병平林兵	진목 陳牧	평림平林 (호북성 수주 동북쪽 평림관)	녹림병과 호응함
	주천도부 柱天都部	유연 劉縯	용릉舂陵 (호북성 조양 남쪽)	
	한제漢帝	유현 劉玄	완현宛縣 (하남성 남양)	

23년	서주대장군 西州大將軍 삭녕왕朔寧王	외효 隗囂	평양平襄 (감숙성 통위)	
	보한장군 補漢將軍 촉군蜀郡 태수太守 익주益州 목牧 촉왕蜀王 성가제成家帝	공손술 公孫述	성도成都(사천성 성도)	
	한제漢帝	유망 劉望	여남汝南 (하남성 평거서 북쪽사교향射橋鄕)	신 왕조 멸망 전
	회남왕淮南王 황제皇帝	이헌 李憲	여강廬江 (안휘성 서현)	신 왕조 멸망 후, 27년 황제로 칭함
	양왕梁王 한제漢帝	유영 劉永	수양睢陽 (하남성 상구)	
	한제漢帝	왕랑王郞 (유자여 劉子輿)	한단邯鄲 (하북성 한단)	서한의 황제 유오(성제)의 아들로 사칭함

	무안왕武安王	연잠 延岑	한중漢中 (섬서성 한중)	한수 유역에서 활동함
24년	익한대장군 翼漢大將軍 해서왕海西王	동헌 董憲	담현郯縣 (산동성 담현)	27년 해서왕으로 칭함
	보한대장군 輔漢大將軍 제왕齊王	장보 張步	극현劇縣 (산동성 수광 남쪽)	
	소지대장군 掃地大將軍 주성왕周成王	전융 田戎	이릉夷陵 (호북성 의창)	
	성두자로 城頭子路	애증 愛曾	동평東平 (산동성 동평)	20만 명이 산동성 유역에서 유격전을 벌임
25년	한제漢帝	유영 劉嬰	임경臨涇 (감숙성 평령)	
	한제漢帝	유수 劉秀	호현鄗縣 (하북성 백향 북쪽)	
	한제漢帝 적미赤眉	유분자 劉盆子	장안長安 (섬서성 서안)	
	염신대장군 厭新大將軍	유무 劉茂	경현京縣 (하남성 정주 동쪽) 밀현密縣 (하남성 밀현 동쪽)	

	하서오군대장군 河西五郡大將軍 양주涼州 목牧	두융 竇融	장액 속국長掖屬國 (감숙성 금탑 동쪽)	
	상장군서평왕 上將軍西平王 한제漢帝	노방 盧芳 (유문백 劉文伯)	구원九原 (내몽고 포두)	무제의 증손자를 사칭함
	연왕燕王	팽총 彭寵	어양漁陽 (북경 밀운)	27년에 왕으로 칭함
26년	회양왕淮陽王	소무 蘇武	광락廣樂 (하남성 우성 서북쪽)	
		동흔 董欣	도향堵鄕 (하남성 방성)	
		등봉 鄧奉	육양淯陽 (하남성 남양 남쪽)	
	한제漢帝	손등 孫登	상군上郡 (섬서성 유림남쪽 漁河堡)	손등은 얼마 되지 않아 피살당함

218

간략 연표

중국	연도	세계
진晉나라의 3대부 가문 조趙씨, 위魏씨, 한韓씨 진나라를 3분하여 조趙, 위魏, 한韓나라를 세우다	BC.453	
	BC.431	펠로폰네소스전쟁이 일어나다
주나라 위열왕威烈王, 조·위·한 3국을 승인하다 (이때부터 전국시대가 시작된 것으로 봄)	BC.403	
	BC.399	소크라테스, 독배를 마시고 죽다
제齊나라 대부 전화田和, 왕이 되다 (강姜씨에서 전田씨로 왕조 교체)	BC.386	
	BC.367	로마, 리키니우스·섹스티우스 법 성립
진秦나라 효공孝公, 상앙을 기용하여 변법 시행	BC.359	
	BC.336	마케도니아, 알렉산드로스대왕 즉위
	BC.331	알렉산드로스가 페르시아 아케메네스왕조를 멸망시키다
	BC.317	인도에서 찬드라굽타, 마우리아왕조를 세움
	BC.268	마우리아 왕조 3대 아쇼카대왕 즉위
	BC.264	1차 포에니전쟁 일어남
진秦의 장수 백기가 장평 전투에서 대승, 투항한 조나라 군사 40만 명을 생매장하다	BC.260	

진秦, 주周와 초楚와 노魯를 멸망시키다	BC.256		
진, 한韓을 멸망시키다	BC.230		
		BC.218	한니발, 로마 공격. 2차 포에니전쟁 일어남
진, 제를 멸망시켜 중국을 통일하다	BC.221		
시황제 사망	BC.210		
유방, 항우를 패사시키고 황제로 즉위	BC.202		
		BC.146	로마, 카르타고를 멸망시키다
한 무제 즉위	BC.141		
한 무제, 흉노 원정 시작	BC.129		
한 무제, 고조선을 멸망시키다	BC.108		
		BC.44	카이사르, 암살되다
		BC.27	옥타비아누스, 로마의 황제가 되다
왕망, 대사마·대장군이 되다	BC.8		
왕망, 선양으로 신나라를 건국하다	AD.8		
왕망, 피살되어 신나라 멸망하다	AD.23		
광무제 유수, 후한 건국	AD.25		

220

찾아보기

236